STUDY ON VALUE RELEVANCE
OF COMPREHENSIVE INCOME FOR LISTED
Companies under Chinese Current Accounting Standards

上市公司综合收益价值相关性研究

——依循中国新会计准则

贺宏 ◎ 著

首都经济贸易大学出版社
Capital University of Economics and Business Press
·北 京·

图书在版编目（CIP）数据

上市公司综合收益价值相关性研究：依循中国新会计准则/贺宏著．—北京：首都经济贸易大学出版社，2017.5

ISBN 978－7－5638－2445－8

Ⅰ.①上…　Ⅱ.①贺…　Ⅲ.①上市公司—收益—研究—中国　Ⅳ.①F279.246

中国版本图书馆 CIP 数据核字（2015）第 254420 号

上市公司综合收益价值相关性研究——依循中国新会计准则

贺　宏　著

责任编辑　王玉荣

封面设计　砚祥志远·激光照排　TEL：010-65976003

出版发行　首都经济贸易大学出版社

地　　址　北京市朝阳区红庙（邮编 100026）

电　　话　（010）65976483　65065761　65071505（传真）

网　　址　http：//www.sjmcb.com

E－mail　publish@cueb.edu.cn

经　　销　全国新华书店

照　　排　北京砚祥志远激光照排技术有限公司

印　　刷　北京京华虎彩印刷有限公司

开　　本　710 毫米×1000 毫米　1/16

字　　数　189 千字

印　　张　10.75

版　　次　2017 年 5 月第 1 版　2017 年 5 月第 1 次印刷

书　　号　ISBN 978－7－5638－2445－8/F·1375

定　　价　32.00 元

图书印装若有质量问题，本社负责调换

摘 要

2006 年，作为与国际财务报告准则趋同的一个重大举措，财政部颁布 39 项新企业会计准则（以下简称“新会计准则”），新会计准则重大变革就是引入公允价值计量模式，这对企业报告当期财务业绩带来影响。同传统基于历史成本计量的当期业绩报告相对比，新会计准则体现资产负债观，使得报告综合收益成为现实。2009 年，财政部发布《企业会计准则解释第 3 号》，规定企业应当在利润表“每股收益”项下增列“其他综合收益”项目和“综合收益总额”项目，至此，新会计准则正式引入综合收益的概念。2010 年 4 月，财政部发布《中国企业会计准则与国际财务报告准则持续趋同路线图》，标志着中国向世界承诺，中国的会计准则将与国际财务报告准则保持动态一致。这意味着，国际财务报告准则对综合收益报告的新的变革可能对我国综合收益报告产生影响。

综合收益报告是我国会计改革的一个产物，而会计改革的一个重要目的就是提高会计信息决策的有用性，这是决策者制定监管制度和制度变革的重要理论依据。那么，就综合收益报告来讲，根据新会计准则披露的这一信息能否提高会计信息有用性？在何种情况下披露这一信息有用？如何提高综合收益报告的有用性？作为对我国会计准则国际趋同效果的评价，并且在我国会计准则根据国际财务报告准则的要求作出更进一步的调整之前，有必要探明我国综合收益报告的有用性。

本书基于价值相关性视角，研究新会计准则下上市公司报告综合收益的有用性。本书界定的研究目标是：以我国新会计准则国际趋同为背景，利用上市公司披露的综合收益信息，从经验研究层面，实证检验综合收益的相对价值相关性、其他综合收益的增量价值相关性以及信息环境对综合收益价值相关性的影响。

本书的主要研究结论如下：第一，综合收益具有价值相关性，但是，不论是在所有者权益变动表还是在利润表中披露的综合收益，其价值相关性都显著低于净利润，说明投资者更加关注传统已实现的净利润；同在所有者权益变动表中非正式披露的综合收益相比，在利润表中正式披露的综合收益与股票价格的相关性反而更低；当综合收益在利润表中报告时，综合收益组合项目（每股收益与其他综合收益单个项目之和）每股收益与“外币报表折算差额”之和具有比每股收益显著更高的价值相关性，说明披露其他综合收益的明细信息有助于投资者构建收益指标，进而作出价值判断。第二，在所有者权益变动表中披露的“被投资单位所有者权益变动的影响”以及在利润表中披露的“外币报表折算差额”同股价显著正相关；同在所有者权益变动表中非正式披露的其他综合收益相比，利润表中正式披露的其他综合收益对股价的增量解释力显著提高；然而，不论是在所有者权益变动表中还是在利润表中，其他综合收益合计项目都不具有对股票价格的显著增量解释力；此外，累计“被投资单位所有者权益变动的影响”这一项目具有增量价值相关性。第三，信息环境是影响综合收益和增量价值相关性的重要因素。不论是在所有者权益变动表中还是在利润表中，当公司与投资者之间信息不对称程度较低时，综合收益以及综合收益组合项目与股票价格的回归系数都显著高于信息不对称程度较高的公司；仅当信息不对称程度较低时，“权益法下被投资单位其他所有者权益变动的影响”和“外币报表折算差额”才在股票定价中具有显著增量作用；总样本中“权益法下被投资单位其他所有者权益变动的影响”以及“外币报表折算差额”显著的增量价值相关性是由信息不对称程度较低的公司引起的；对于在所有者权益变动表中披露的其他综合收益，当信息不对称程度较低时，其他综合收益分解模型具有比净利润显著更高的解释力，当信息不对称程度较高时，其他综合收益分解模型没有显著增加对股票价格的解释力；对于利润表中披露的其他综合收益，仅当公司与投资者之间信息不对称程度较低时，其他综合收益分解模型才具有比净利润显著更高的解释力，说明总样本中其他综合收益分解项目对股票价格整体解释力的提高是由信息不对称程度较低的公司引起的。仅当信息不对称程度较低时，累计“权益法下被投资单位其他所有者权益变动的影响”项目与股票价格存在显著正相关关系，总样本中累计“权益法下被投资单位其他所有者权益变动的影响”与股价的显著相关性是由信息不对称程度较低的子样本引起的。

与以往研究不同，本书主要在以下三个方面对相关研究有所发展：第一，本书按照我国上市公司综合收益报告的两个阶段，对综合收益以及其他综合收益的价值相关性进行比较系统的研究，并分别回答在这两个不同阶段，综合收益及其他综合收益是否有用，在何种情况下有用等问题。在此基础上，本书拓展现有综合收益价值相关性的研究，着重考察信息披露制度变迁下综合收益及其组成部分对股价解释力的变化。本书为评价我国上市公司综合收益的有用性提供经验证据，为准则制定机构规范综合收益信息披露进而提升其有用性提供相关决策依据。第二，本书研究累计其他综合收益项目的价值相关性。现有国内外研究其他综合收益价值相关性的文献都是使用当期其他综合收益数据进行检验，忽略累计其他综合收益所代表的经济含义，本书分析累计其他综合收益的实质，其代表相关资产或负债项目累计的价值变动，反映对未来收益全部潜在影响，即一旦这些资产或负债被全部处置，累计其他综合收益（而非当期其他综合收益）将全部转入实现的损益。本书利用上市公司披露的数据计算得出其他综合收益各项目的累计数，实证检验累计其他综合收益项目的增量价值相关性。本书发现累计“被投资单位所有者权益变动的影响”可以显著提升股价的解释力，说明其他综合收益组成项目的累计数具有估值有用性。根据这一检验结果，本书提出披露其他综合收益组成项目的累计数的建议。第三，本书借鉴信息不对称理论、不完全反映假说以及解析成本的概念，以对公司做出盈利预测的证券分析师追踪人数作为信息不对称程度的衡量，检验信息不对称程度对综合收益价值相关性的影响，本书发现，信息环境是影响综合收益价值相关性的重要因素，仅仅依赖会计准则对综合收益报告进行规范，并不能确保综合收益价值相关性的提升，降低上市公司与投资者之间的信息不对称才是提升综合收益的价值相关性的一个重要途径。本书为研究综合收益有用性提供新的研究视角，为完善上市公司信息披露环境、提升会计准则改革的效果提供重要的经验证据。

Abstract

In 2006, as a major action of convergence with International Financial Reporting Standards (hereinafer referred to as IFRS), the Ministry of Finance issued Accounting Standards for Business Enterprises (hereinafter referred to as the current accounting standards). The significant change of the current accounting standards is the introduction of fair value measurement basis, which impacts the reporting of current financial performance for enterprise. Compared with the traditional performance report, which is measured on historical cost, current accounting standards reflect the Asset - Liability view, making the reporting of comprehensive income becomes to a reality. In 2009, the Ministry of Finance issued the Explanation No. 3 for Business Enterprises Accounting Standards, stipulating that business enterprises should, in the income statement, include items of other comprehensive income and the item of comprehensive income under the figure of earnings per share, thus, the current accounting standards formally introduced the concept of comprehensive income. In April 2010, the Ministry of Finance issued the "Roadmap of convergence between China Accounting Standards and International Financial Reporting Standards", which implies the commitment of China to the world, that China's accounting standards will maintain dynamic consistency with IFRS. This means that the new changes of comprehensive income reporting made by IFRS may have an impact on China's comprehensive income reporting.

The comprehensive income reporting is a product of the accounting reform in China, an important purpose of the accounting reform is to improve the decision usefulness of accounting information, which serves the important theoretical basis for decision - makers to develop the regulatory and institutional reform. So, in terms of comprehensive income reporting, does the disclosure of information enhance the information usefulness? Under which circumstances, is the disclosure of this information useful? And how to improve the usefulness of the comprehensive income reporting? As the evaluation of the effect of international convergence, and before making further adjustments according to the requirements of the IFRS in China, it is necessary to investigate the usefulness of comprehensive income reporting by China's listed companies.

Relying on the perspective of value relevance, this paper studies usefulness of comprehensive income reporting of listed companies under the current accounting standards. The research objectives include: under the background of China accounting standards convergence with IFRS, based on the comprehensive income information disclosed by listed companies, this paper empirically tests the relative value relevance of comprehensive income, the incremental value relevance of other comprehensive income and the impact of information environment on the value relevance of comprehensive income.

The main conclusions are as follows: First, the comprehensive income is value relevant, however, no matter it is disclosured in the statement of changes in owners' equity or in the income statement, its value relevance is significantly lower than the net profit, showing that investors pay more attention to the realized profit; compared with the informal disclosure of comprehensive income in the statement of changes in owners' equity, the correlation of comprehensive income with stock price is much lower when it is disclosed in the income statement, in the income statement, the combination of comprehensive income item (earnings per share plus a single item of other comprehensive income) earnings per share (EPS) plus foreign currency translation possesses higher value relevance than EPS, indicating that the disclosure of other comprehensive income and a breakdown of information will help investors to form new income measures, hence making a value judgment. Second, the disclosure of "changes in investee' s owners' equity" in the statement of changes in owners' equity and the disclosure of "foreign currency translation" is positively correlated with stock price; compared with the disclosure of other comprehensive income in the statement of changes in owners' equity, when this information is disclosed in the income statement, the explanatory power for stock price is significantly increased; however, regardless of in the statement of changes in owners' equity or in the income statement, the sum of other comprehensive income items does not have incremental explanatory power for stock price; In addition, the cumulative amount "changes in investee' s owners' equity" has incremental value relevance. Third, the information environment is an important factor affecting the the relative and incremental value relevance of comprehensive income. Regardless of in the statement of changes in owners' equity or in the income statement, when the information asymmetry is lower between companies and investors, the cofficient of both the comprehensive income and the combination of comprehensive income item are significantly higher than the degree of information asymmetry is higher. Only when the degree of information asymmetry is lower, "changes in investee's owners' equity" and the "foreign currency translation" exists incremental relevance with the stock price; these two items' incremental value relevance in the total sample is caused by the companies that has lower degree of information asymmetry; when other comprehensive income is disclosed in the statement of changes' in owners' equity, and the degree of information asymmetry is lower, the decomposition model of other comprehensive income has significantly higher explanatory power than net profit, but when the degree of information asymmetry is higher, the decomposition model of other comprehensive income has not significantly increased explanatory power of stock prices; when other comprehensive income is disclosed in the income statement, only under the situation that the degree of information asymmetry is lower, decomposition model of other comprehensive income shows significantly higher explanatory power than net profit, indicating that the higher explanatory power of the decomposition model of other comprehensive income in the total sample is caused by the lower information asymmetry companies; only when the degree of information asymmetry is lower, the cumulative "changes in investee's owners' equity" shows significantly positive correlation with stock price, indicating that the higher explanatory power of this item in the total sample is caused by the lower information asymmetry companies.

Different from previous studies, this paper develops the related research mainly in the following three areas: First, based on the two stages of comprehensive income reporting, this paper systematically tests the value relevance of comprehensive income and other comprehensive income. This paper answers whether the comprehensive income and other comprehensive income are useful, and under which circumstances they are useful. On this basis, by expanding the existing research of comprehensive income, this paper investigates the changes of the explanatory power of comprehensive income and its components with stock price. This paper provides empirical evidence for the evaluation of the usefulness of comprehensive income in China listed companies, and provide decision making basis for standard - setting bodies to prescribe the comprehensive income disclosure requirement and thus enhancing its usefulness. Second, this paper studies the value relevance of cumulative other comprehensive income. the existing domestic and international research of the value relevance of other comprehensive income uses the current period data, ignoring the economic implications of cumulative other comprehensive income, this paper analyzes the nature of cumulative other comprehensive income, it represents the cumulative changes in the value of related assets or liabilities, it reflects the total potential impact to future income, meaning that in case that these assets or liabilities have all been disposed of, the cumulative other comprehensive income (other than current period other comprehensive income) will be transferred to the realized gains and losses. By calculating the cumulative other comprehensive income based on the data disclosed by listed companies, this paper empirically tests the incremental value relevance of cumulative other comprehensive income, this paper found that the cumulative "changes in investee's owners' equity" can significantly enhance the explanation power of the stock price, indicating that cumulative other comprehensive income has valuation usefulness. Based on this result, this paper proposes the disclosure recommendations for cumulative other comprehensive income. Third, this paper draws on the Asymmetric Information Theory, Incomplete Revelation Hypothesis and the concept of extraction cost, using the number of securities analysts who make profit forecasts for the company as a measure of the degree of information asymmetry, this paper tests effect of information asymmetry on value relevance of comprehensive income. This paper discovers that the information environment is an important factor that impacts the value relevance of comprehensive income, only by relying on the norms can not ensure the enhancement of value relevance of comprehensive income, reduing the information asymmetry between the companies and investors are an important way to improve the value relevance of comprehensive income. This research investigates the usefulness of comprehensive income from a new perspective, and provides important empirical evidence for improving listed companies' information disclosure environment, thus enhancing the effect of the accounting standards reform.

目 录

图表目录

1

前言

1.1 选题背景

在一个复杂且持续变化的经济环境当中，如何准确和真实地计量公司业绩和财务状况一直是理论界争论的主要问题。在业绩计量中，相关的问题包括：第一，如何计量归属于股东的当期财富变动（当期营业观还是总括收益观）；第二，在何处披露股东的财富变动。这场争论的核心是公司业绩应该按照净利润（即收入减费用）进行报告，还是应该按照包括资产和负债价值变动后的综合收益计量。

1980年，美国财务会计准则委员会（FASB）在第三号财务会计概念公告（SFAC3，后被SFAC6取代）中正式提出综合收益这一概念。1992年，英国会计准则委员会（ASB）发布第3号财务报告准则（FRS3）“报告财务业绩”，率先要求英国企业增加“全部已确认利得与损失表”，作为对外编报的基本财务报表。1997年，FASB正式颁布FAS130《报告综合收益》，允许企业选择在利润表、单独的综合收益表或所有者权益变动表中报告综合收益，同时要求企业在财务状况表权益部分列示累计的其他综合收益余额。国际会计准则理事会（IASB）对综合收益报告的要求体现在对国际会计准则第1号《财务报表列报》（IAS1）的几次修订中。2007年，IASB发布修订的IAS1（2007），IAS1（2007）[①] 对财务报表列报作出重大调整，其中包括：将损益表更名为综合收益表，并要求在综合收益表内（或一个单独的利润表和一个综合收益表）报告当期全部收益和费用，以及其他综合收益项目。

2004年开始，FASB同IASB共同开展“财务报表列报”这一项目研究，研究如何改进财务报表列报以满足财务报表使用人的需求。作为“财务报表列报”项目的一个组成部分，IASB同FASB开展综合收益报告项目的研究。2010年5月27日，IASB发布关于其他综合收益项目列报的征求意见稿，提议要求所有主体在一个连续报表中报告损益和其他综合收益，在此前，IAS1允许主体在一个连续报表中或在两个单独报表中报告综合收益（一个利润表和一个综合收益表）做出选择。此外，2010年6月，IASB在关于财务报表列报的草稿中提出，综合收益表应该按照“营业、筹资、持续经营的所得税、

① 财政部会计司. 国际财务报告准则2008 [M]. 北京：中国财政经济出版社，2008.

终止经营以及其他综合收益扣除所得税以后的净额进行列报”①。2011 年 6 月 16 日，IASB 发布《其他综合收益项目的列报（对 IAS 1 的修订）》，修订保留可在一份单一连续报表中，或在两份单独的连贯报表中列报损益和其他综合收益的选择，并要求将其他综合收益项目划分为后续将重分类至损益，及后续不会重分类至损益两个类别②。

2006 年，作为与国际财务报告准则趋同的一个重大举措，财政部颁布新会计准则，新会计准则的重大变革就是引入公允价值计量模式，并且增加利得和损失的概念。新会计准则体现资产负债观，使得报告综合收益成为现实。具体分析，我国上市公司报告综合收益经历两个阶段：第一个阶段是在 2007 和 2008 年，按照准则的要求，在所有者权益变动表中，企业需要报告当期“净利润”与“直接计入所有者权益的利得和损失项目”，这两个项目合计即为综合收益。直接计入权益的利得和损失项目包括：“可供出售金融资产公允价值变动净额、权益法下被投资单位其他所有者权益变动的影响、与计入所有者权益项目相关的所得税影响以及其他项目”③。在此期间，其他综合收益各项目按照当期的相关资产和负债的价值变动报告，与这些项目相关的所得税影响则汇总计入“与计入所有者权益项目相关的所得税影响”项目内。由于财政部尚未正式提出综合收益概念，在此期间报告的综合收益还属于非正式的报告形式。第二个阶段是在 2009 年以后，2009 年财政部发布《企业会计准则解释第 3 号》，正式引入综合收益的概念，并规定企业在利润表中报告“综合收益总额”项目，在财务报表附注中披露其他综合收益信息。根据新的要求，此阶段其他综合收益项目包括：“可供出售金融资产产生的利得（损失）金额，按照权益法核算的在被投资单位其他综合收益中所享有的份额，现金流量套期工具产生的利得（或损失）金额，外币财务报表折算差额以及其他项目。”④ 与前一个阶段不同，其他综合收益项目按照扣除税后影响的金额列示。

---

① IASB. Staff draft of proposed standards [OL]. IASB website, http://www.ifrs.org/Current + Projects/IASB + Projects/Financial + Statement + Presentation/Phase + B/Staff + draft + of + proposed + standard.htm.

② IASB. IASB website, http://www.iasplus.com/agenda/comprehensiveincome.htm.

③ 财政部．企业会计准则：应用指南［M］. 北京：中国财经出版社，2006.

④ 财政部．企业会计准则解释第 3 号［OL］. 财政部网站，http://kjs.mof.gov.cn/zhengwuxinxi/zhengcefabu/200906/P020090625556829994230.doc.

2010 年 4 月，财政部发布《中国企业会计准则与国际财务报告准则持续趋同路线图》①，标志着中国向世界承诺，中国的会计准则将与国际财务报告准则保持动态一致。这意味着，IASB 同 FASB 有关综合收益列报的新的改革在未来可能对我国综合收益报告产生影响。

综合收益报告是我国会计改革的一个产物，而会计改革的一个重要目的就是提高会计信息决策有用性，这是决策者制定监管和制度变革的重要理论依据。就综合收益报告来讲，根据新会计准则披露的这一信息能否提高会计信息有用性？在何种情况下披露这一信息有用？如何提高综合收益报告的有用性？作为对我国会计准则国际趋同效果的评价，并且在我国会计准则根据国际财务报告准则的要求作出更进一步的调整之前，有必要探明我国综合收益报告的有用性。

新会计准则实施后，一些学者对我国综合收益报告有用性进行探讨，但是这些讨论大多局限于理论上的分析，仅有的一些实证研究受数据收集的限制，只对 2007 年至 2008 年我国上市公司在所有者权益变动表中披露的综合收益加以实证检验，缺乏较深层次的探讨。从国际上看，现有研究多以 FAS130《报告综合收益》或国际财务报告准则为背景，使用美国（采纳 FAS130）和欧盟（自 2005 年起采纳国际会计准则）国家的数据，从价值相关性的角度检验综合收益报告的有用性。

同美国和欧盟等有着较长综合收益报告历史的国家相比，综合收益对于国内投资者还是较新的概念，我国上市公司综合收益报告的具体内容和披露形式同美国和国际会计准则存在差异②。作为与国际财务报告准则趋同的一个内容，以公允价值计量的业绩体现纯粹的外生性制度变迁的要求。此外，美国和欧盟国家拥有比较发达的资本市场，我国属于新兴市场国家，国内的股

---

① 财政部. 中国企业会计准则与国际财务报告准则持续趋同路线图［OL］. 财政部网站，http：//www. mof. gov. cn/mofhome/gp/kuaijisi/201004/P020100429512637204111. pdf.

② 内容上，美国 FAS130 规定的其他综合收益项目包括“外币项目”“最低养老金负债”“可供出售金融资产未实现的利得和损失”以及“现金流量套期价值变动”。IAS1 中规定的其他综合收益项目包括：“重估价变化”“设定收益计划的精算利得和损失”“国外经营的财务报表折算产生的特定利得或损失”“可供出售的金融资产产生的利得或损失”“现金流量套期工具有效套期部分产生的利得和损失”。我国其他综合收益包含的项目与 FAS130 和 IAS1 不同，并且在综合收益报告的两个区间，其他综合收益项目构成亦存在差异。披露形式上，美国 FAS130 规定可以选择在“综合收益表”或“所有者权益变动表”中报告综合收益，IASB 要求在一张连续的报表或两个单独的报表中报告综合收益。我国规定在利润表中报告综合收益，在财务报表附注中报告其他综合收益组成项目。

票市场仅仅有20年的发展历史，还处于初级阶段。

我国股票市场投资者大多为散户（普通投资者），普通投资者经常处于信息劣势。我国上市公司会计信息披露的环境与国外发达资本市场亦存在差异。综合收益报告是我国会计准则国际趋同的一个产物，不具备专业会计知识的普通投资者很可能不理解综合收益中包含的大量未实现损益及其内涵。这些特殊的制度背景因素都可能会对综合收益在我国的有用性产生影响。

为评价我国会计准则国际趋同的执行效果，并积极应对未来中国会计准则与国际财务报告准则的持续趋同问题，本书立足我国综合收益信息披露的现状，从价值相关性的角度检验我国上市公司披露的综合收益信息的有用性。

1.2 研究意义

本书的研究意义包括以下几方面：

（1）本书为评价我国会计准则国际趋同的效果提供证据。作为会计信息的主要使用者之一，投资者在多大程度上依靠会计信息作出投资决策，取决于会计信息的决策有用性，高质量的会计准则产生的会计信息应能在资本市场引起价格反应，即具有较强的价值相关性。Barth et al.（2001）曾指出，价值相关性研究对准则制定者尤为重要，相关的经验证据可以更新准则制定者对会计信息的相关性和可靠性的看法。基于此，本书从新会计准则综合收益信息价值相关性角度入手，对此次会计制度改革的效果进行初步评价。

（2）本书为积极应对未来中国会计准则与国际财务报告准则的持续趋同提供决策依据，并为国际财务报告准则充分考虑我国这一新兴市场国家的实际情况提供证据。刘玉廷指出，“路线图，旨在倡导会计理论和实务界全面深入地参与国际财务报告准则的制定”（刘玉廷，2009）。这说明，持续趋同并非意味着我国会计准则盲目地遵从国际财务报告准则做出的任何调整，而不论这些调整是否有利于我国实际情况。

尽管我国承诺要与国际财务报告准则持续趋同，但是国际财务报告准则的制定更多的是满足成熟市场中理性投资者进行决策的需要。我国作为一个新兴市场国家，资本市场发展还处于初级阶段，投资者经常处于信息劣势，投资理性较低。这些制度背景都会对我国上市公司综合收益报告的有用性产生影响，来自美国和欧盟等国家的经验证据并不能适合我国实际情况。鉴于此，本书作为新兴市场综合收益信息有用性的检验，将丰富现有综合收益有用性的研究，本书为 IASB 修订国际财务报告准则时充分考虑我国乃至新兴市场国家的实际情况提供证据。

（3）本书将对规范我国综合收益信息披露、提升综合收益的有用性提供经验证据。本书根据我国综合收益信息披露的两个阶段，分别检验综合收益整体信息以及组成部分的价值相关性及其变化，实证检验制度变迁下，综合收益有用性（整体及组成部分）是否提升以及提升的程度。此外，本书对累计其他综合收益的有用性进行检验，并根据实证结果提出规范我国综合收益信息披露的建议。本书对我国会计准则制定机构有一定借鉴意义。

（4）本书指出提升综合收益有用性的途径，为提升改革效果提出具体建议。在现有研究综合收益信息价值相关性的文献中，都有一个前提假设，即投资者所处的信息环境是一致的。然而现实中，投资者在信息收集和处理方面存在较大差异，企业与投资者之间的信息不对称程度存在差异。在信息不对称程度较高时，投资者收集和分析信息的数量有限，处理信息的成本较高，会计信息与股价的关联较低。而在信息不对称程度较低时，投资者处理和收集会计信息的成本较低，股票定价能够充分反映未来盈利能力。

作为一项创新，本书从信息环境角度检验综合收益价值相关性。一方面，借助信息不对称、不完全反映假说以及解析成本等理论和概念，检验存在信息不对称时综合收益信息有用性是否发生变化，为研究综合收益有用性提供新的研究视角；另一方面，本书为完善上市公司信息披露环境（如积极培育证券分析师行业、加强会计信息披露监管）及提升会计准则改革的效果提供经验证据。

1.3 研究问题界定

1.3.1 新企业会计准则

20 世纪 90 年代初以来，我国经历数次较大的会计改革，分别是 1993 年的“企业会计准则”和“财务会计通则”，以及 13 个行业会计制度和财务制度（简称“两则两制”），1998 年的《股份公司会计制度》，1999 年《会计法》的修订和 2000 年国务院《企业财务会计报告条例》颁布，2001 年《企业会计制度》的颁布与实施，以及2006年由1项基本准则和38项具体准则组成的新会计准则体系。新会计准则体系包括首次发布的22项新具体准则和修订的一项基本准则和16项具体准则。新会计准则自2007年1月1日起在上市公司实行。新会计准则的颁布标志着我国会计准则与国际财务报告准则全面趋同。

新会计准则的重大变革是引入公允价值，共有17项具体准则不同程度地使用公允价值计量，新会计准则增加“利得”和“损失”的概念，这对企业报告当期财务业绩带来影响，同传统基于历史成本计量的当期业绩报告相对比，新会计准则体现资产负债观，使得报告综合收益成为现实。

1.3.2 综合收益

根据FASB“第六号财务会计概念公告”《财务报表的要素》（SFAC6），会计要素被分为两类，一类为描述在某一个时点上企业资源的水平（或金额）或对资源的要求权，包括资产、负债和所有者权益项目；另一类为在一定期间引起企业的资源以及对这些资源要求权发生变化的业务和其他事项，它们包括收入、费用、利得、损失、综合收益以及所有者投入款和向所有者的分配[①]。FASB将综合收益列为一个会计要素。根据SFAC6，综合收益的定义是：“综合收益是指一个企业在一定期间由源于非所有者的交易、事项及情况所引起的所有者权益（净资产）之变动。它包括一定期间内除所有者投资和向所有者分派款之外的所有者权益变动”。[②]

综合收益的英文表述为Comprehensive Income。在2009年财政部发布《企业会计准则解释第3号》，正式要求企业报告综合收益以前，我国学者曾将Comprehensive Income译为全面收益。综合收益和全面收益是一个概念，只是译法不同，为避免混淆，本书统一使用“综合收益”这一术语。

1.3.3 综合收益价值相关性

如果一项会计数据与权益市场价值之间存在一种可预测的联系，那么它

① FASB“第六号财务会计概念公告”《财务报表的要素》（SFAC6），P6－7，CON6 HIGHLIGHT，www.fasb.org/pdf/con6.pdf

② FASB“第六号财务会计概念公告”《财务报表的要素》（SFAC6），P7，CON6 HIGHLIGHT，www.fasb.org/pdf/con6.pdf

就被定义为是价值相关的。价值相关性研究被用于检验会计信息的估值有用性。估值有用性是指，股票价格应能反映公司业绩，因为会计信息的职能之一就是向投资者提供有用且相关的信息。价值相关性研究通过直接估值理论和权益估值输入理论得出有关推论，因此被用于对估值模型的实证检验。价值相关性研究依靠广泛接受的估值模型，可以帮助投资者评估会计数据反映的信息，进而为决策制定者提供他们感兴趣的问题的答案。基于此，本书将从投资者角度，研究综合收益价值相关性。

（1）综合收益的相对价值相关性。综合收益的相对价值相关性是指综合收益与净利润对股票价格的相对解释力。相对价值相关性研究通过测试不同会计盈余对股票价格（或收益）回归的 R^2，R^2 越高表示会计盈余价值相关性越高。根据直接估值理论（Holthausen，2001），会计收益被认为可以用于衡量权益的市场价值水平或其变化，或者与其高度相关。根据直接估值理论进行的价值相关性检验，可以检验备选会计盈余（或会计账面价值）同股票价格之间的相对联系（relative association），即将按一个特定准则计算的盈余与股票价格的关联程度与现有准则下盈余与股票价格的关联程度进行比较。

（2）其他综合收益的增量价值相关性。其他综合收益的增量价值相关性是指综合收益的组成部分其他综合收益项目对股票价格的增量解释力。如果其他综合收益组成项目对股票价格的回归系数显著不为零，说明这个组成项目具有增量价值相关性。根据权益估值输入理论（Holthausen，2001），会计的职能在于向投资者提供用于评估公司权益价值的估值模型所需的输入信息。建立在权益估值输入理论上的价值相关性研究即为增量关联研究。增量关联（incremental association）研究，即在其他变量给定情况下，加入另一个解释变量以检验是否能提高对股票价格的解释力度，如果加入的解释变量的回归系数显著不为零，那么这个变量就具有增量的价值相关性。

（3）信息环境对综合收益价值相关性的影响。信息环境对综合收益价值相关性的影响是指公司外部信息环境对综合收益信息总体及其组成部分的价值相关性产生何种影响。信息可以减少或消除不确定性，并因此影响使用者决策。所有的公司都面临不同程度的信息不对称（Flannery et al. 2004）。除高质量的信息披露规则外，信息的产生、传递、加工和使用的过程亦影响着信息披露的有效性，而这些则构成投资者所处的信息环境。当公司外部信息环境较好时，投资者面临的信息风险小，不确定性更低，投资者处理和收集会计信息的成本较低，此时投资者与企业之间的信息不对称程度较低，股票定价能够充分反映未来盈利能力的信息。而当信息不对称程度较高时，投资者收集和分析信息的数量有限，处理信息的成本较高，由于外部监督较少，管理层有更多的机会操纵盈余，投资者会面临更高的信息风险，相应的通过抑制股票价格或要求较高的资本成本去补偿信息风险（Easley & O'Hara，2004；Gray，Koh & Tong，2008）。基于不完全反映假说的分析表明，市场存在信息不对称，股票价格对更易解析的数据反映强烈，信息不对称是影响会计信息价值相关性的重要因素。从信息环境角度检验综合收益价值相关性，是指当公司与投资者之间信息不对称程度存在差异时，综合收益的价值相关性是否发生变化。

1.4 研究目标与方法

1.4.1 研究目标

不论是国际财务报告准则还是中国的新会计准则，都将决策有用性作为财务会计报告目标。2006 年我国新会计准则是在会计国际趋同的大背景下颁布的。新会计准则的颁布，要求企业报告综合收益项目，这对企业的业绩报告产生重大影响。国内现有研究多是从理论上对综合收益价值相关性及其披露形式进行分析，少量的一些实证研究受数据收集的限制，只对 2007 年至 2008 年我国上市公司在所有者权益变动表中披露的综合收益加以实证检验，缺乏较深层次的探讨。鉴于此，本书手工摘取 2009 年起在利润表中报告的综合收益及其他综合收益信息，对新会计准则下的综合收益价值相关性进行系统的研究。

本书界定的研究目标是：以我国新会计准则国际趋同为背景，利用上市公司披露的综合收益信息，从经验研究层面，实证检验综合收益的相对价值相关性，其他综合收益的增量价值相关性以及信息环境对综合收益价值相关性的影响。

自 2007 年开始，上市公司在所有者权益变动表中报告综合收益，从 2009 起，改为在利润表中披露这一信息，已有 4 年的综合收益数据，这为本书实证检验综合收益信息的有用性提供数据。本书确定的具体研究目标如下：

（1）2006年新企业会计准则颁布后，综合收益对于国内投资者还是较新的概念，同净利润相比，综合收益是否为投资者带来更加相关的信息以利于投资决策？净利润与其他综合收益中的单个组成项目构成的收益组合是否具有更高的相对价值相关性？在所有者权益变动表中披露的非正式综合收益与在利润表附注中正式报告的综合收益相比，价值相关性是否存在差异？综合收益以及综合收益组合项目的价值相关性是否存在行业差异？

（2）其他综合收益项目是否具有增量价值相关性？在所有者权益变动表中，非正式披露的其他综合收益与在利润表附注中正式报告的其他综合收益相比，增量价值相关性是否发生变化？累计其他综合收益代表相关资产和负债累计未实现损益，累计其他综合收益是否具有增量价值相关性？

（3）信息是不确定性的减少或消除，当一方拥有较多的信息，而另一方的信息较缺乏时，便会产生信息不对称。现有实证研究结果表明（Choi，2011，Imhoff and Lobo，1992，Cormier et al.，2011，Lu，2011，Rapp，2010），信息不对称影响会计盈余的价值相关性。那么，当公司与投资者之间的信息不对称程度存在差异时，综合收益以及综合收益组合项目的价值相关性是否存在差异？其他综合收益的增量价值相关性有何不同？累计其他综合收益增量价值相关性是否发生变化？

1.4.2 研究方法

本书将采用规范研究和实证研究相结合的方法，并以实证研究方法为主。

（1）实证研究方法。本书采用的实证研究方法为档案研究。具体的统计与计量分析方法包括相关分析、多元回归分析等，用于检验综合收益相对和增量价值相关性以及信息环境对综合收益价值相关性的影响。

（2）规范研究方法。本书采用的规范研究方法主要包括归纳法和演绎法。本书归纳总结综合收益研究的文献、信息不对称对会计盈余价值相关性影响的文献，以及证券分析师信息优势与信息环境改善的文献。并对综合收益计量理论、会计信息估值理论、有效市场假说和不完全反映假说进行梳理，归纳总结综合收益的本质特征，结合以上理论和假说分析信息环境对会计信息价值相关性的影响。本书将运用归纳法和演绎法来构建实证研究中的理论分析框架，发展理论假说，提出经验分析模型，并分析和评价综合收益价值相关性的影响因素以及本研究的实证结果。

1.5 本书结构

本书结构安排如图 1 -1 所示。

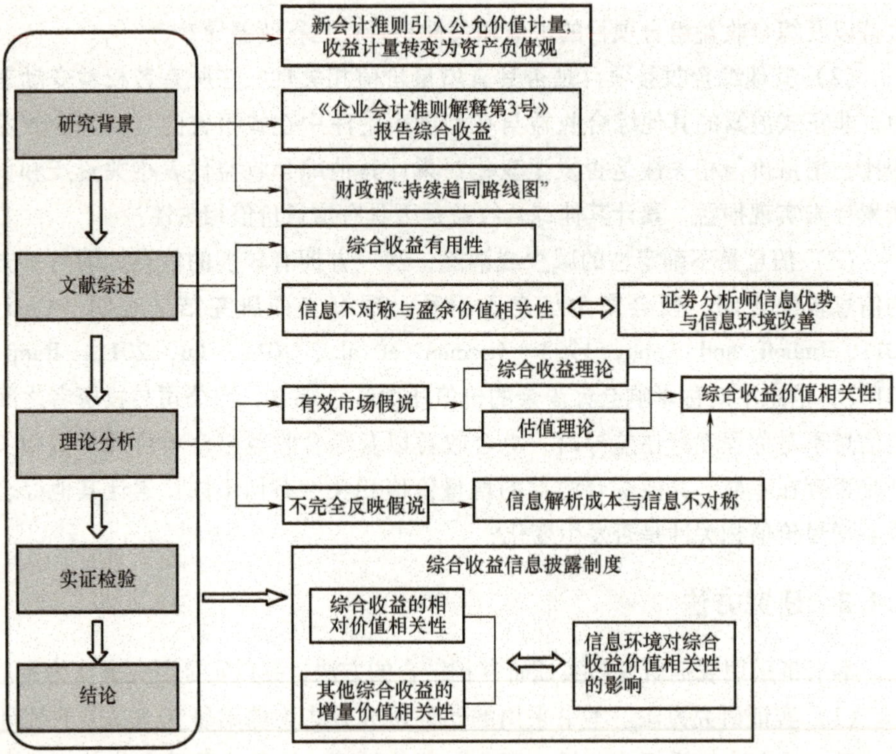

图 1 -1　本书结构图

本书首先阐述研究背景，明确本研究的意义和目标，并通过梳理相关文献和理论，最终确定以我国上市公司综合收益的价值相关性研究为主线，通过实证检验，最终得出本书研究结论。本书确定的具体脉络是：

第一，明确本书的研究背景，确定本书的研究意义以及和现有研究的不同点。

第二，对现有综合收益研究文献、信息不对称对会计信息价值相关性影响文献、证券分析师信息优势与信息环境改善的文献进行综述，借鉴现有研究综合收益有用性的检验方法，挖掘现有研究尚未探明的议题，为建构本书的实证研究进行铺垫。

第三，深入分析有效市场假说、不完全反映假说，综合收益理论和估值理论，为本书后续实证检验奠定理论基础。本书分析综合收益的特征，并阐述估值理论与会计信息价值相关性的关系。本书比较有效市场假说和不完全反映假说，本书认为，不完全反映假说与有效市场假说的差异在于对信息环境的认识，而信息环境的优劣归根结底还是信息不对称程度的问题。本书借鉴不完全反映假说，从理论上阐释信息解析成本和信息不对称对会计信息有用性的影响，为本书后续实证检验信息环境对综合收益价值相关性的影响作出理论铺垫。

第四，本书对综合收益价值相关性进行实证检验。三个研究主题是：

（1）研究综合收益的相对价值相关性，综合收益的相对价值相关性是从总体上对这一信息与股价的关联进行检验，并将综合收益与传统的每股收益对股票价格的相对解释力进行比较，进而确定投资者在投资决策中更关注哪一项收益指标。

（2）研究其他综合收益的增量价值相关性，其他综合收益的增量价值相关性是指综合收益的组成部分其他综合收益项目对股票价格是否具有增量解释力，即其他综合收益组成项目是否与股票价格存在显著的相关关系，进而确定哪一项其他综合收益项目在投资者投资决策中更加有用。

（3）研究信息环境对综合收益价值相关性的影响。基于信息环境的研究，更侧重于检验公司与投资者之间的信息不对称程度对会计信息价值相关性的影响。由于一些投资者比其他投资者掌握信息优势，因此所有的公司都存在一定程度的信息不对称（Flannery et al. 2004）。例如，知情的投资者可能有渠道获取尚未披露的私有信息，或者拥有更多的知识和经验可以有效加工复杂信息，然而不具备信息优势的投资者则没有这些渠道或对信息解析的能力。

综合收益对我国投资者是较新的概念，普通投资者很可能不理解综合收益中包含的大量未实现损益及其内涵。尽管综合收益反映的是按照公允价值计量的业绩，然而，现阶段，综合收益信息以总计的形式列示在净利润信息下，而构成综合收益的其他综合收益则计入所有者权益项目，其明细项目列报在财务报表附注中（而未在一个单独的利润表或综合收益表中报告），这种披露方式很可能会导致其他综合收益信息不易观测，信息的透明度降低，信息的解析成本较高，信息风险增加，加剧上市公司与投资者之间的信息不对称。鉴于此，本书从影响会计信息有用性的因素出发，探明信息不对称程度对综合收益总体及其组成部分价值相关性产生何种影响。

第五，总结本书研究结论，回答本书最初提出的问题，提出政策建议以及本书的创新点，并明确未来研究方向。

2

文献综述

现有关于综合收益研究的文献主要从业绩报告和有用性两个角度展开，本书对这些文献进行总结。在此基础上，本书总结信息不对称对会计盈余价值相关性的影响，以及证券分析师信息优势与信息环境改善的文献，为本书的实证研究做出铺垫。

本章按照以下五个部分对相关文献进行述评。第一部分是有关综合收益与业绩报告的文献，主要总结现有关于综合收益业绩报告的理论研究的成果；第二部分是综合收益有用性的研究文献；第三部分是信息不对称对会计盈余价值相关性的影响的文献；第四部分是证券分析师信息优势与信息环境改善的文献；第五部分是文献评析，总结现有文献的特点并确定本书的研究方向。

2.1　综合收益与业绩报告

对综合收益与业绩报告的研究主要是从理论上讨论综合收益是否可以衡量当期业绩等问题。这类文献主要包括早期对是否报告综合收益的研究以及近年来围绕国际会计准则理事会（IASB）和美国财务会计准则委员会（FASB）共同开展“财务报表列报”这一项目展开的关于综合收益列报问题的研究。

早期关于综合收益与业绩报告的研究大多源于对是否报告综合收益的争论。美国注册金融分析师协会（CFA 协会）是综合收益报告的最大支持者之一。在其 1993 年（AIMR，1993）的报告中指出，将某些项目绕过利润表而直接计入权益的做法缺乏概念理论基础，由于没有采纳“全面收益”观，分析师将花费更多的努力去发掘和评价那些对公司未来价值评估有用的项目。财务报表应确认，所有影响公司股东财富的事项和交易。CFA 协会（1993）支持综合收益报告的另一个理由是，综合收益可以避免收益重复计算的问题。收益的重复计算是指由于存在非干净盈余项目，非干净盈余最初计入所有者权益，而在其转化成实现的损益以后，从利润表中又重新被转入所有者权益。因此，如果以综合收益的形式报告当期损益，将会在一个报表中及时地报告企业全部的收益变动项目。FASB（1997）亦指出，财务分析师的预测可以用来对股票进行估价，前提是这个预测建立在综合收益的基础上，也就是说，如果在股票估值的过程中，报告的收益是有用的，那么这个收益必须是综合收益。

Linsmeier et al.（1997）认为，综合收益区分价值创造与价值分配，会计信息估值理论建立在对未来收益的预测上，综合收益满足估值理论，可以提高会计收益在权益估值中的作用，综合收益建立利润表和资产负债表之间清晰的钩稽关系，综合收益的报告将促使管理层考虑影响所有者财富的全部因素，进而发挥对管理层的约束作用。然而，Linsmeier et al.（1997）指出，由于其他综合收益项目由各个国家根据情况确定，这些项目反映不同国家各自的法律、文化、制度和社会背景，因此，在跨国公司的业绩比较中，使用综合收益信息会导致会计信息的可信性降低。

综合收益报告的反对者指出，综合收益带来更多噪音，包括那些未实现收益的组成部分会降低报表使用者判断公司长期业绩的能力。如果将这些项目排除，则会增加财务信息的相关性以及预测能力（Paton，1934；Black，1993；Stark，1997；O'Hanlon 和 Pope，1999）。Black（1993）认为，"如果我们想要最大化在收益数据中的价值，并减少噪声，我们应该选择一些会计规则以减少收益当中的暂时性组成部分，而留下永久性的组成部分"。还有一些财务报表的编制者则担心，报告综合收益会影响收益数据的信息含量。Kiger 和 Williams（1977）认为，财务信息的使用者是短视的，在使用会计信息进行股票估值时，他们需要花费更多的时间去过滤掉那些暂时性或不相关的会计信息。Barker（2004）指出，由于其他综合收益代表的是未实现的利得和损失项目，这些项目会错误计量公司业绩，进而降低会计信息的质量和信息含量。

2004 年开始，IASB 和 FASB 共同开展财务报表列报项目，综合收益报告研究是其中的一个议题。近年来一些学者针对这一项目以及综合收益报告的模式开展研究。Cauwenberege 和 Beedle（2007）讨论这一项目的进展，指出 IASB 支持干净盈余的概念，然而一些项目的公允价值变动也绕过利润表计入所有者权益。Cauwenberege 和 Beedle（2007）指出，"财务报表列报"这一项目讨论如何对收益进行分类，IASB 的收益计量模式采用的是历史成本和公允价值混合计量的模式，Cauwenberege 和 Beedle（2007）从会计理论和估值理论的角度分析历史成本计量模式和公允价值计量模式引出的关于收益计量的争论。Cauwenberege 和 Beedle（2007）认为，鉴于每股收益在财务分析中的重要性，收益披露应采用双重披露的模式。即披露两个每股收益的信息，一个是净利润的，另一个为综合收益的。未来对综合收益的分类按照历史成本和公允价值计量进行分类。按照这一逻辑，净利润用来预测未来利润，综合收益的目的则是提示投资者收益的不同来源，尽管这些来源可能是不可测的。

CFA 协会（2007）则批评在资产负债表中混合使用的不同计量方法，如历史成本、摊余成本和公允价值，CFA 协会（2007）指出，信息的透明度会影响会计信息的相关和可靠性。CFA 协会（2007）建议，财务报表的交易应该按照营业与筹资项目进行分类，而这一建议与最新的 IASB 与 FASB 发布关于财务报表列报的联合项目的讨论稿中的内容一致。CFA 协会（2007）还提议，公司应该披露可以向股东分配的净资产，以取代综合收益报告。

McClain 和 McLelland（2008）则对 IASB 和 FASB 共同开展"财务报表列报"这一项目的最新的进展进行分析。根据最新的项目进展，IASB 和 FASB 提议的业绩表列报模式要求主体分别列报业务活动中创造价值的信息和通过融资活动进行融资的信息。对于其他综合收益项目的每一个组成项目，除"外币报表折算差额"项目外，主体应该在综合收益表中注明，这个组成项目属于营业活动、投资活动还是同融资资产或融资负债项目有关。McClain 和 McLelland（2008）认为，总体来看，这些要求反映出更多的关注从净利润向综合收益转移，因为按照以上要求，当前所有的其他综合收益项目都将在综合收益表上列报。然而 McClain 和 McLelland（2008）认为，IASB 和 FASB 的讨论没有考虑小企业的实际问题，这些小企业（不论是上市还是非上市）通常不在国际市场上融资，将业绩表中的项目进行重新分类（如营业活动还是融资活动）会加大这些企业的成本。

Barker（2004）则建议采取矩阵式的方式报告综合收益，这种方式对价值变动项目以及收入和费用项目分开列报，根据 Barker（2004）的建议，这种矩阵形式包括三栏：第一栏是收入和费用项目；第二栏是反映资产或负债项目价值变动的项目；第三栏是所有项目的列示。Barker（2004）认为，这种列报模式将对按照不同计价基础的收益和费用项目进行区分，价值变动项目的列报模式，可以降低盈余管理并提高会计信息的透明度。

2.2 综合收益有用性

综合收益有用性研究，可大致分为两类：第一类是使用关联研究的方法，通过回归分析，检验综合收益及其组成部分与股票价格（或股票收益）、资本成本、未来盈利、管理层薪酬和债务契约的相关性，从而确定综合收益信息在股票定价、未来盈利以及契约中是否有用，在这一类文献中，以价值相关性检验居多。第二类是使用实验研究的方法，检验综合收益信息对报表使用人决策的直接影响，这类研究关注在不同报表中披露的综合收益及其组成部分的信息是否会影响报表使用人决策，以及影响公司选择列报综合收益信息的因素有哪些。

2.2.1 基于关联研究的检验

为检验综合收益及其组成部分的有用性，国外一些学者利用估计的（As if data）和真实的综合收益信息，使用回归分析方法，检验综合收益及其组成部分与股票价格（或股票收益）、资本成本、未来盈利、管理层薪酬以及债务契约的关联。在价值相关性检验中，学者们分别使用收益模型或价格模型，检验综合收益信息及其组成部分的价值相关性。在价值相关性研究中，又以美国和欧盟国家的上市公司为样本进行的研究为最多。近年来随着越来越多的国家开始报告综合收益，也有了美国和欧盟以外的国家的一些经验证据。

由于根据美国 FAS130《报告综合收益》准则的要求，企业在 1997 年 12 月 15 日起报告综合收益，所以在此日期前的一些研究都是使用估计的综合收益数据进行研究，即根据 FASB 的要求，计算得出企业的其他综合收益以及综合收益数据，实际上这些数据并非由企业真正报出。Dhaliwal et al.（1999）使用 1994 至 1995 年 11 425 个公司年度数据，计算得出估计的其他综合收益数据，发现除金融类企业以外，与净利润项目对比，综合收益不具有同股票回报或市场价值更高的相关性，也不能更好地预测未来现金流量。有价证券未实现利得或损失调整是唯一能提高股票回报解释力的其他综合收益项目。因此，文章得出结论，综合收益并不比净利润更好地反映公司业绩。文章也质疑 FAS130 要求所有行业都报告综合收益项目的恰当性。

Biddle 和 Choi（2006）亦使用估计的综合收益数据，分别从信息含量、预测价值和管理者薪酬三个方面检验综合收益及其组成项目的有用性。Biddle 和 Choi（2006）发现，综合收益信息在解释股票回报时要优于传统的净利润。然而净利润更能解释管理人员的薪酬，这些结果与管理人员要求报告较少的综合收益，投资者要求报告更多的综合收益的状况是一致的。此外，Biddle 和 Choi（2006）还发现，其他综合收益项目养老金调整项目在全体样本和金融以及制造业公司中，具有显著增量价值相关性。Biddle 和 Choi（2006）认为，综合收益信息在投资决策当中有用，净利润在确定管理层薪酬时更有用，披露综合收益的明细信息对决策是有用的。

Chambers et al.（2006）检验 FAS130 实施前后其他综合收益的价值相关性。Chambers et al.（2006）选择美国标准普尔 500 指数中的上市公司，手工收集这些公司 1998—2003 年向 SEC 报告的综合收益和其他综合收益数据，Chambers et al.（2006）将这些公司的样本分为两个期间，第一个期间为 1994—1997 年（FAS 130 实施前），第二个期间为 1998—2003 年（FAS 130 实施后），同时为同 Dhaliwal et al.（1999）的结论进行对比，Chambers et al.（2006）使用 Dhaliwal et al.（1999）的方法计算估计的其他综合收益和综合收益数据，Chambers et al.（2006）实际的样本期间涵盖 10 年，4 年 FAS 130 实施前的数据，6 年 FAS 130 实施后的数据。Chambers et al.（2006）发现，在 FAS 130 实施以后，其他综合收益中两个组成项目，外币调整以及可供出售证券的未实现利得或损失被市场定价。Chambers et al.（2006）认为，以往研究认为其他综合收益不被投资者定价的主要原因是，研究设计中使用了估计的（而非真实的）其他综合收益数据。此外，Chambers et al.（2006）还发现，在 FAS 130 实施以后，公司选择在哪一个财务报表内报告其他综合收益会影响它们的定价，与利润表相比，投资者对报告在所有者权益变动表内的其他综合收益更加关注，Chambers et al.（2006）认为，这可能是由于投资者对在所有者权益变动表中报告的其他综合收益项目更加熟悉。

同 Chambers et al.（2006）相似，Kanagaretnam et al.（2005）使用 1998—2003 年在美国交叉上市的 75 家加拿大公司的 203 份公司年度数据，研究按照 FAS 130 报告的真实的综合收益的价值相关性及其预测价值。Kanagaretnam et al.（2005）发现，可供出售金融资产和现金流量套期项目同股票价格和股票回报显著相关。相比净利润，综合收益对股票价格和股票回报具有更强的解释力。然而，在预测价值方面，净利润比综合收益能更好地预测未来净利润。此外，为与 Dhaliwal et al.（1999）的结论进行对比，Kanagaretnam et al.（2005）亦使用估计的其他综合收益，然而与 Chambers et al.（2006）结论不同，Kanagaretnam et al.（2005）发现，估计的其他综合收益项目亦具有价值相关性，而在 FAS130 实施以后，企业真实报告的其他综合收益的价值相关性更高。Kanagaretnam et al.（2005）将其他综合收益价值相关性的提高归结为，在 FAS130 颁布后，投资者对其他综合收益的含义有了更好的理解。Kanagaretnam et al.（2005）的研究与 Dhaliwal et al.（1999），Chambers et al.（2006）和 Biddle and Choi（2006）的不同之处是，其他综合收益数据包括现金流量套期项目，此外，检验模型中使用价格模型和收益模型。但是 Kanagaretnam et al.（2005）研究的不足之处是，样本数量太小，仅包括 203 个公司数据，样本公司局限于交叉上市的公司。

Cheng（1998）使用美国公司样本数据，检验在较长的收益区间股票收益和其他综合收益的关联，Cheng（1998）发现，只有在较长的收益期间（如 10 年、12 年和 15 年），两者的关联才是显著的。Cheng（1998）认为，这是因为其他综合收益的确认和其对股票收益的影响存在一个时间差异，其他综合收益确认在前，它的潜在影响则产生于未来的期间。

一些学者使用欧盟、新西兰和澳大利亚上市公司的数据，检验在这些国家中，综合收益的价值相关性。如 O'Hanlon 和 Pope（1999）研究 1972—1992 年英国公司报告的非干净盈余的价值相关性。O'Hanlon 和 Pope（1999）发现，没有一项非干净盈余项目可以解释股票回报，仅利润以及一些特殊项目具有价值相关性。Lin（2006）使用 1993—1998 年的英国公司数据，检验根据英国财务报告准则第 3 号（FRS3）要求披露的财务业绩指标的价值相关性。Lin（2006）发现，非干净盈余项目如"外币报表折算差额"，能够提供增量相关的信息。Cahan et al.（2000）使用价格模型，研究新西兰公司的综合收益。Cahan et al.（2000）发现，综合收益具有信息含量，然而其单独的组成部分不具有信息含量。Brimble 和 Hodgson（2005）使用 1988—1997 年澳大利亚公司的数据，分别使用线性和非线性模型检验综合收益组成部分的价值相关性。Brimble 和 Hodgson（2005）发现，综合收益的价值相关性低于净利润，其他综合收益项目"非流动资产的重估价值变动"是导致综合收益价值相关性降低的一个原因。Lin et al.（2007）则使用德国、法国、意大利、西班牙和英国这五个欧洲国家 1992 年至 2004 年的数据检验净利润、营业利润以及综合收益的价值相关性。研究发现，英国投资者更加关注营业利润指标，而其他四国的投资者则更加重视净利润，其他综合收益合计数具有对股价的显著增量解释力，对于一些较早就采用国际会计准则的公司，这些公司报告的综合收益具有更高的价值相关性。Lin et al.（2007）认为，此前源于美国和英国的经验证据并不能扩大到欧洲国家。

为研究我国上市公司综合收益的价值相关性，学者们使用上市公司2007—2008年在所有者权益变动表中披露的综合收益数据进行检验。汤小娟和王蕾（2009）以我国沪市A股市场2007年的数据为样本，分析新会计准则下综合收益与传统的净利润在信息含量方面是否存在差异。结果表明，净利润和综合收益均与累计非正常报酬率显著相关，然而净利润的影响程度高于综合收益。在考虑机构投资者的影响后，结果仍未改变，说明投资者更为关注传统的净利润信息。赵自强和刘珊汕（2009）利用深、沪两地上市公司2006与2007年度的300家上市公司样本，对综合收益项目与股票收益率的价值相关性进行实证分析，结果发现，新会计准则的实施一定程度上增加综合收益信息的价值相关性。然而在赵自强和刘珊汕（2009）的研究中，其他综合收益项目包括计入当期损益的“资产减值损失”和“公允价值变动损益”以及直接计入所有者权益的利得和损失项目，这种划分将利润表中的收益项目纳入到其他综合收益项目，进而影响结果的可靠性。程小可和龚秀丽（2008）使用2007年沪市A股中报数据，从相对和增量价值相关性两个角度研究盈余结构以及具体盈余项目与股票回报之间的关系。他们的研究发现，综合收益的价值相关性低于净利润，投资者对利润表的关注程度远高于所有者权益变动表。谢获宝、尹欣和刘波罗（2010）使用我国上市公司2007—2008年在所有者权益变动表中披露的其他综合收益和综合收益信息，分别使用价格和收益模型检验综合收益及其组成部分的价值相关性。研究发现，综合收益的价值相关性低于净利润，在两个不同年份，其他综合收益与股票价格和股票收益的相关系数表现不稳定。欧阳爱平和刘仑（2010）也使用我国上市公司2007—2008年披露的综合收益数据，检验综合收益与股票收益的价值相关性。研究发现，同净利润相比，综合收益对股票收益的解释力明显降低，综合收益具有较大的波动性。

除上述对综合收益以及其他综合收益有用性的检验外，一些学者专门对其他综合收益的单个组成项目进行了比较深入的研究。这类研究包括：对外币财务报表折算差额的检验、对养老金调整项目的检验、金融行业可供出售金融资产价值变动的检验、投资性房地产利得或损失检验。Soo和Soo（1994）检验在所有者权益变动表和当期利润表中披露的外币报表折算差额的市场反应。Soo和Soo（1994）发现，在两张报表中披露的外币财务报表折算差额都被市场定价，然而在所有者权益变动表中披露的外币财务报表折算差额的盈余反应系数更低。Louis（2003）从经济学的角度解释外币财务报表折算差额对公司价值的影响。Louis（2003）指出，当外币升值时，使用当期利率的方法（current rate method）将净资产进行折算，由于净资产按照较高的汇率折算，所以外币升值即意味着调整利得。然而从经济学角度看，这种升值并没有带来增值。为验证这一分析，Louis（2003）使用1985—1999年的4 636个数据进行实证检验，发现外币财务报表折算差额与公司价值负相关，这种负相关关系在劳动密集型的制造业企业尤其显著。Mitra 和 Hossain（2009）研究美国的“设定受益养老金和其他退休后福利计划会计核算”准则实施后，其他综合收益的养老金调整项目的价值相关性。Mitra 和 Hossain（2009）使用截止到2006年12月31日的697个公司样本，实证研究发现，股票收益同养老金调整项目负相关。在将样本按照规模大小划分后，Mitra 和 Hossain（2009）发现，在规模大的公司中这种负相关关系显著，对于中小规模公司这种负相关关系不显著。Mitra 和 Hossain（2009）的研究结果表明，市场针对养老金调整项目对公司净资产和未来现金流量的负面影响存在负面反应。Barth（1994）使用1971—1990年的商业银行的数据，发现银行披露的有价证券未实现利得或损失存在较高的波动性，未实现利得或损失项目同股票收益不具有相关性。然而，Ahmed 和 Takeda（1995），Petroni 和 Whalen（1995），Carroll，Linsmeier 和 Petroni（2003）发现，对于银行、保险公司和基金公司，未实现利得或损失存在正向的市场反应。Ahmed 和 Takeda（1995）指出，一些实证研究在设计时忽略其他净资产的价值变动，当对这些净资产进行控制以后，未实现利得或损失对银行的收益具有正向影响。Owusu - Ansah 和 Yeoh（2006）研究投资性房地产未实现利得或损失的价值相关性，使用1990—1999年170家新西兰公司为样本，Owusu - Ansah 和 Yeoh（2006）研究发现，不论是在利润表还是在所有者权益中披露投资性房地产的未实现利得或损失，其价值相关性都不存在任何差异。

除价值相关性检验外，亦有一些学者检验综合收益与资本成本、未来收益预测以及契约的关系。Cheng 和 Lin（2008）使用美国上市公司1994—2005年的数据，检验综合收益与资本成本的关系，他们发现，其他综合收益与未来现金流量预测负相关，但是其他综合收益可以很好地解释公司的资本成本，导致综合收益比净利润能更好地解释资本成本的变化，这反映出其他综合收益较高的相关性是由于他们能揭示风险所引起的。Choi（2006）使用美国上市公司 1998—2003 年的数据，检验综合收益在未来收益预测中的作用，Choi（2006）发现，综合收益在预测未来收益时，明显强于净利润信息。当公司报告有未实现利得时，说明公司业绩高于市场预期，而未实现损失则意味着公司业绩低于市场预期，管理层延迟将这些未实现损失纳入已实现损益。证券分析师在盈利预测时使用综合收益这一信息，尤其当综合收益小于净利润时，分析师会相应调低下一个年度的收益预测，而在综合收益大于净利润时，分析师并未相应调高未来收益预测，综合收益信息在分析师做出盈利预测调整时是有用的。Li（2010）则检验综合收益和其他综合收益在债务契约签订中的作用，Li（2010）发现，在企业与银行签订债务契约时没有使用综合收益信息，然而作为净资产的组成部分的累计其他综合收益具有契约有用性。Li（2010）认为，从债务契约有用性的角度，非干净盈余的存在是有必要的。

2.2.2 基于实验研究的检验

一些学者从心理学和行为学的角度出发，利用实验研究方法，检验实验参与者是否会利用综合收益信息进行价值判断，以及影响公司选择列报综合收益信息的因素有哪些。Hirst 和 Hopkins（1998）在实验室的情境下研究综合收益信息的有用性。实验研究主要关注会计信息的列报对财务报表使用人的影响，这一研究的理论根基源于心理学基础上的财务报告研究。Hirst 和 Hopkins（1998）指出，“心理学的研究表明，信息只有在易于得到并且清晰时才是有用的”。基于此，Hirst 和 Hopkins（1998）在实验室环境下研究证券分析师的投资行为，他们发现，当有价证券未实现利得的信息在综合收益表中披露时，可以帮助分析师更精确地估计一个公司的股价，而当未实现利得在所有者权益变动表中列报时，分析师常常不使用这一信息。Hirst 和 Hopkins（1998）指出，“有效市场假说意味着，FAS130 的实施仅仅是对现有财务报表的重新格式化（reformatting），因为 FAS130 没有颁布新的确认或计量法则，因此对财务报表使用人不会产生任何影响”。然而，从行为学的角度讲，分析师判断将受到价值相关性信息清晰披露的影响。

Maines 和 McDaniel（2000）研究非专业投资者是否会利用综合收益项目。Maines 和 McDaniel（2000）发现，在财务报表中披露综合收益没有显著影响非专业投资者利用这一信息进行估值，但是却影响他们对公司业绩的判断。Maines 和 McDaniel（2000）设计了一个由 95 个 MBA 学生参加的实验，参与者分析一家保险公司的财务报表，其中，可供出售金融资产的未实现利得或损失根据 FAS130 的规定，在综合收益表或在所有者权益变动表中报告，未实现利得分别反映较高或较低的波动性。Maines 和 McDaniel（2000）测试不同的报告形式下，参与者对存在不同程度波动性的未实现利得做出何种反映。结果显示，当未实现利得在综合收益表中报告时，参与者关注这一信息的波动性。相应的，仅仅当未实现利得在综合收益表中报告时，参与者认同有着较低波动性的未实现利得的公司业绩好于有着较高波动性的未实现利得的公司业绩。Maines 和 McDaniel（2000）的实验研究结果表明，非专业投资者依靠财务报表提供的信号，对综合收益信息的性质和重要性做出判断。

Bamber et al.（2009）使用调查问卷以及实验研究方法，发现股权激励以及对职业保障的担心，可以解释为何多数公司不愿意在财务业绩表中报告综合收益。他们发现，有着更高股权激励以及较低职业保障的管理层更少使用业绩报告。这说明，尽管从有效市场角度看，对报告位置的选择不具有经济后果，但是管理层的表现则说明他们认为综合收益披露位置会产生差异。

Lee，Petroni 和 Shen（2006）则研究保险公司如何选择披露其他综合收益这一信息，Lee et al.（2006）发现，保险类的公司在选择披露其他综合收益时，一半的公司选择在所有者权益变动表中披露，另一半公司在综合收益表里披露。研究发现，那些业绩不好的公司或者管理层通过有价证券损益操纵收益的公司更倾向于选择在所有者权益变动表中报告综合收益。

Hunton，Libby 和 Mazza（2006）则检验综合收益列报对盈余管理的影响，他们实验研究中的对象是财务经理和公司首席执行官，这些人被提供一个利用可供出售有价证券进行盈余管理的机会。Hunton et al.（2006）发现，当在综合收益表中披露这一信息时，调高及调低收益的盈余管理行为都有所减少，参与实验的经理人员承认，当在综合收益表中报告有价证券价值变动时，投资者更易发现盈余管理，这样对股票收益和管理层声誉都会产生负向影响。Hunton et al.（2006）得出结论，在综合收益表中披露有价证券价值变动可以提升这一信息的透明度，继而减少管理层进行盈余管理的动机。

2.3 信息不对称与会计盈余价值相关性

信息可以减少或消除不确定性，并因此影响使用者决策。Akerlof（1970）认为，一方拥有较多的信息，而另一方的信息较缺乏时，便会产生信息不对称。相关实证研究结果表明，公司与投资者之间的信息不对称程度影响会计信息价值相关性。

Choi（2011）使用9个亚洲国家的10 406个公司样本检验1997—1998年亚洲金融危机期间，会计盈余及其组成部分的价值相关性。Choi（2011）发现，金融危机导致操控性应计项目的价值相关性显著下降，而对经营活动现金流量以及非操控性应计项目的价值相关性不产生影响。相对于信息不对称程度较低的公司，当公司与投资者之间信息不对称程度较高时，操控性应计项目的价值相关性下降程度更加明显。Choi（2011）认为，造成这一结果的原因是，在信息不对称程度较高时，投资者很难发现管理层通过操控性应计项目进行的盈余管理问题，因此，较高的信息不对称使管理层有更多的机会利用此项目操控盈余。由于投资者预期到这种可能性，因此在信息不对称程度较高的公司，投资者对操控性应计项目的可信度降低。这种可信度的降低导致盈余信息的不确定性提高，进而减弱盈余同未预期股票收益的关联。

Cormier et al.（2011）以英国和法国两个不同法律体系国家的公司为样本，检验这些国家的公司按照国际财务报告准则报告的操控性应计项目的价值相关性。Cormier et al.（2011）认为，国际财务报告准则比英法两个国家的会计准则更加严格，因此，更易于投资者评价盈余质量。Cormier et al.（2011）通过检验发现，在信息不对称程度高时，公司更易进行盈余管理，然而与按照这些国家的准则进行报告相比，按照国际财务报告准则报告的操控性应计项目的价值相关性更低，这说明当公司按照国际财务报告准则报告时，机会主义的盈余管理更易被发现，导致其与股价的相关性降低。Cormier et al.（2011）的研究一方面反映出，国际财务报告准则更有利于投资者评价盈余质量，另一方面亦证实，在信息不对称程度较高时，公司更易进行盈余管理，而这导致未来现金流量的不确定性增加，所以公司股票市场的反应亦不对称。

Lu（2011）则使用125家澳大利亚公司2005—2009年的财务数据，检验在全球经济危机发生前后，操控性应计项目和经营活动现金流量价值相关性变化。Lu（2011）研究发现，与全球经济危机发生前的期间相比，在经济危机期间，操控性应计项目的价值相关性显著下降，这说明在此期间，投资者将公司报告的操控性应计项目更多地视为公司进行的机会主义盈余管理，是管理层用来粉饰公司业绩的手段。此外，Lu（2011）亦证实，同信息不对称程度较低的公司相比，在信息不对称程度较高的公司，操控性应计项目的价值相关性下降更加明显，Lu（2011）认为，造成这一结果的可能原因是，信息不对称程度较高的公司，信息披露较少，投资者更难判断这类公司的未来前景，导致公司会计盈余的价值相关性较低。

Rapp（2010）使用1998—2008年德国公司的5 000个样本数据，检验发现，一般情况下，经营活动现金流量与会计盈余都与股票价格正相关，然而，当投资者与公司的信息不对称程度增加时，会计盈余与公司股票价格的关联度降低，现金流量对股票价格的解释力增强，而当投资者与公司的信息不对称程度降低时，会计盈余价值相关性提高，这表明，会计盈余的信息含量与信息不对称程度有关。

2.4 证券分析师信息优势与信息环境改善

证券分析师既是市场信息的主要使用者又是信息的主要制造者。作为信息中介的重要组成部分，证券分析师在降低企业与投资者之间的信息不对称、提高资本市场投资效率中起到至关重要的作用（Beaver，1998）。本书从两个方面总结现有的证券分析师信息优势与信息环境改善的文献，第一类文献是有关证券分析师的信息优势与资本市场效率的研究（如 Givoly 和 Lakonishok，1979，Lys 和 Sohn，1990，Francis 和 Soffer，1997），这类研究表明，证券分析师的分析报告向资本市场传递信息，丰富信息环境。第二类文献是有关证券分析师追踪人数与信息环境改善的文献，这类研究表明，证券分析师追踪人数较多的公司，信息不对称程度较低，股票价格更提早反映出公司的信息（Barth 和 Hutton，2000，Alford 和 Berger，1999，Brennan et al.，1993，Brennan 和 Subrahmanyam，1995，Chan 和 Hameed，2006）。

2.4.1 证券分析师的信息优势与资本市场效率

有关证券分析师与资本市场效率的研究表明，证券分析师作为信息中介，在提高资本市场效率中发挥重要作用，证券分析师盈利预测比时间序列统计模型能更精确地预测未来业绩（Brown et al.，1987），进而对股票价格产生影响（Mendenhall，1991；Abarbanell 和 Bernard，1992），由证券分析师有效率地处理的信息有助于提升股价的反应效率（Alford 和 Berger，1999，El - Gazzar，1997），说明证券分析师向投资者提供价值相关的信息。证券分析师为何能改善信息环境，降低企业与投资者的信息不对称，这与证券分析师出具有关公司未来盈利预测以及荐股业务有关（Francis and Soffer，1997，Fried and Givoly，1982）。

Brown et al.（1987）使用233家公司24个季度的数据，发现证券分析师盈利预测信息比时间序列模型能更加准确预计未来盈利，Brown and Rozeff（1978）使用1972—1975年50个样本公司数据，亦发现证券分析师盈利预测具有更好的未来盈利预测优势，Brown and Rozeff（1978）指出，这一研究结果表明，证券分析师盈利预测可以被用于公司价值评估、资本成本以及同股票价格变动的关系研究。

Mendenhall（1991）使用1982—1986年的582家公司的6 710个样本，检验证券分析师盈利预测变化的持续性及其市场反应，Mendenhall（1991）研究发现，在控制前期盈利信息以后，证券分析师盈利预测调整信息在后续的盈利公布期间产生超额市场回报，说明证券分析师盈利预测向市场传递信息，这一信息反映在股票价格当中。

Givoly 和 Lakonishok（1980）依据证券分析师盈利预测发出后的超额市场回报，检验证券分析师盈利预测调整与股价的关联。Givoly 和 Lakonishok（1980）发现，证券分析师盈利预测调整发出前后存在超额市场回报，分析师发出向上调整5%的盈利预测调整的前后四个月的期间，持有公司股票平均可以获得4.7%的超额市场回报，超额市场回报的大部分2.7%是在证券分析师盈利预测发出后的两个月获得的。Givoly 和 Lakonishok（1980）研究表明，证券分析师盈利预测调整对投资者是有价值的。然而市场对证券分析师盈利预测信息披露的反映比较迟缓，投资者可以根据这一公开披露的信息获取超额收益。

Francis 和 Soffer（1997）使用1988年1月至1991年6月由576个证券分析师出具的报告，检验报告中盈利预测、荐股以及荐股调整的市场反应。Francis 和 Soffer（1997）发现，在证券分析师报告中，这些信息整体可以解释报告发布日前一天到后一天市场超额收益的5%。在控制盈利预测信息调整部分后，分析师做出的股票荐股调整可以解释市场累计超额收益的一大部分。Francis 和 Soffer（1997）还发现，市场对包含购买建议的分析师报告中的盈利预测信息调整反应强烈。证券分析师报告具有信息含量。

Fried 和 Givoly（1982）使用1969—1979 年的数据，检验分析师预测的市场反应。他们发现，证券分析师盈利预测比时间序列模型能更好地反映预期盈余。Fried 和 Givoly（1982）认为，证券分析师盈利预测通常在财政年度结束后做出，这一时间优势使得分析师预测能够包含更多财政年度结束后披露的信息。然而，更大的原因应该是证券分析师盈利预测比时间序列模型包含更多的信息，信息基础更加广泛，这说明，证券分析师有效地挖掘出盈利信息的广泛含义。

Lys 和 Sohn（1990）使用1980—1986 年58 家公司由100 个分析师公司做出的超过23 000 个盈利预测的数据，检验当不同的分析师分别出具盈利预测时，这些盈利预测的市场反应。Lys 和 Sohn（1990）发现，单个盈利预测对投资者具有信息含量，即使这些预测是在其他证券分析师作出预测或公司会计信息披露后做出，证券分析师盈利预测包含股票价格中反映的66%的信息。

我国证券分析师行业经过近20 年的发展，在市场中发挥的作用日趋显著。一些学者对证券分析师在我国这一新兴市场的作用进行检验。肖峻、王宇熹（2006）研究发现，分析师的盈利预测调整、投资评级对事件日前后5个交易日的累积超额收益有显著的解释力，说明国内证券分析师的报告显著地影响着市场对公司价值的判断。

朱红军、何贤杰、陶林（2007）使用2004 年和2005 年A 股上市公司样本，考察在我国这一新兴市场国家中，证券分析师对资本市场运行效率的影响。研究发现，证券分析师具有搜寻信息和加工信息的比较优势，他们的活动提高股票价格的信息含量，公司股价中包含更多基本面的信息，股票价格对当期末预期盈余的反映增加，当期股票的价格反映更多未来盈余的信息，证券分析师的存在提高资本市场的运行效率。

范宗辉（2010）研究发现，在分析师市场形成后，投资者将分析师的预测作为估计公司未来盈利的主要依据，对没有分析师跟踪的公司，投资者仍然倾向于运用以往的盈利作为公司未来盈利预测的基础。

白晓宇、钟震和宋常（2007）使用2003—2004 年证券分析师做出的565

个盈利预测数据，检验盈利意外（即公司实际报告的净利润减去分析师预测盈利）在公司年报发布日是否存在显著的超额市场回报。研究发现，市场对正的盈利意外和负的盈利意外反应不一致。

2.4.2 证券分析师追踪与信息环境改善

证券分析师作为信息中介，在促进信息良性循环方面发挥极大作用。一些研究表明，证券分析师追踪人数较多的公司，信息不对称程度较低，股票价格更提早反映出公司的信息（Barth 和 Hutton，2000，Alford 和 Berger，1999，Brennan et al.，1993，Brennan 和 Subrahmanyam，1995，Chan 和 Hameed，2006）。这些研究证实证券分析师追踪人数与公司信息披露环境的关系正相关（Lang 和 Lundholm，1996，Lang et al.，2003）。

Lang et al.（2003）使用1996年4 859家公司样本，检验在美国交叉上市的非美国公司信息环境是否发生改善。Lang et al.（2003）发现，这些交叉上市的公司有更多的分析师追踪，分析师盈利预测的准确性也较高，分析师追踪和分析师盈利预测的准确性与公司价值正相关。Lang et al.（2003）认为，交叉上市改善公司信息环境进而提高公司价值，因此公司价值变动与分析师追踪人数和分析师盈利预测准确性存在相关关系。

Barth 和 Hutton（2000）使用美国上市公司1981—1996年24 343个样本数据，研究发现，相比证券分析师追踪人数较少的公司，证券分析师追踪人数较多的公司的股票价格包含更多有关公司应计项目和现金流量的信息。以往研究表明，相对于现金流量，盈余的组成部分应计项目的持续性较低，因此，在公司价值评估时，经常被投资者忽视。然而，Barth 和 Hutton（2000）发现，证券分析师作为有效的信息中介，他们作出的盈利预测包含更多应计项目的调整。证券分析师的盈利预测揭示出更多关于盈余持续性的信息，这证明证券分析师使用不同来源的信息资源构建他们的盈利预测。

Alford 和 Berger（1999）使用1981—1994年间9 920个样本数据，检验证券分析师追踪人数与证券分析师盈利预测以及股票交易量之间的关系。Alford 和 Berger（1999）通过研究发现，盈利预测的精确度与证券分析师追踪人数正相关，这一结果表明，证券分析师更倾向于追踪那些不确定性程度较低（较高预测精确度）的公司，证券分析师做出的盈利预测丰富公司信息环境，增加公司未来业绩预期的可靠性。此外，Alford 和 Berger（1999）还发现，证券分析师追踪人数较多的公司，股票交易更多，与没有证券分析师追踪的公司相比，有证券分析师追踪的公司股票价格能提早反映出公司的信息。

Brennan et al.（1993）使用1977—1988年纳斯达克上市公司的数据，检验公司的证券分析师追踪人数存在差异时，股票价格对新的会计信息的反应速度。Brennan et al.（1993）发现，在控制公司规模对调整速度的影响以后，随着证券分析师追踪人数的增加，股价能更及时地反映新信息，说明证券分析师追踪人数与股票价格调整速度相关，证券分析师追踪人数较多的公司比追踪人数较少的公司对市场回报中包含的公共信息的反应更迅速。

Brennan和Subrahmanyam（1995）使用1998年1508家上市公司一天内市场交易数据，在控制股票价格水平，股票收益率等因素后发现，作为具有信息优势的知情投资者，证券分析师追踪人数与公司的逆向选择成本负相关，即追踪公司的证券分析师人数越多，公司外部信息环境越好，信息不对称程度和逆向选择降低。

Chan和Hameed（2006）使用来自25个新兴市场的1993—1999年的公司数据，检验证券分析师追踪人数与股票收益率同步性的关系，Chan和Hameed（2006）发现，同常规的认为证券分析师制造公司层面的信息不同，在新兴市场国家，证券分析师会制造市场层面的信息。此外，证券分析师人数的增加将提升股票价格的同步性。Chan和Hameed（2006）认为，如果将公司层面的股价变动视为噪音，那么随着证券分析师追踪人数增加，这种噪声会下降，进而带来股票价格的同步性提高。Chan和Hameed（2006）的研究还发现，证券分析师追踪人数较多的公司的盈利预测调整影响公司股票回报率，与之相对应的是，证券分析师追踪人数较少的公司的盈利预测调整不具有对股票回报的预测性。

2.5 文献评析

本书分析现有文献的特点并据此明确本书研究方向：

（1）缺乏对新兴市场国家的检验。现有研究综合收益有用性的文献多是基于美国、欧盟等成熟资本市场的检验，目前较缺乏来自新兴市场的证据。我国作为新兴市场国家，在综合收益信息披露以及资本市场发展方面同美国和欧盟等国家都存在差异。美国和欧盟等国家都有较长的综合收益报告的历史，同这些国家相比，我国上市公司报告综合收益的年限较短，综合收益包括的内容和美国以及国际财务报告准则的要求都存在差异。作为与国际财务报告准则趋同的一个议题，以公允价值计量的业绩体现纯粹的外生性制度变迁的要求。此外，同美国和欧盟这些拥有发达资本市场的国家相比，国内的股票市场仅仅有20年的发展历史，还处于初级阶段。可见，来自成熟资本市场的经验证据不一定适合我国的实际情况。

作为与国际财务报告准则趋同的一部分，自2007年起，我国上市公司开始在所有者权益变动表中报告净利润和直接计入权益的利得和损失，标志着我国上市公司非正式报告综合收益的开始，自2009年开始，上市公司开始在利润表中正式报告综合收益。尽管目前有一些研究使用国内上市公司的数据，但是限于综合收益及其他综合收益数据需要手工收集的问题，这些研究只对2007年和2008年在所有者权益变动表中非正式披露的综合收益的价值相关性进行检验，缺乏对综合收益价值相关性的深入研究。

在我国会计准则根据国际财务报告准则最新要求做出进一步调整前，有必要探明综合收益在我国这一新兴市场的有用性。尤其是我国上市公司综合收益信息披露经历两个不同阶段，这为本书检验综合收益在我国的有用性以及制度变迁背景下综合收益有用性的变化提供契机。本书检验我国上市公司综合收益价值相关性，一方面，为我国政策制定和监管机构规范我国综合收益信息披露、提升综合收益的有用性提供决策支持；另一方面，通过提供来自新兴市场的经验证据，丰富现有国际范围内综合收益有用性的研究，为IASB修订国际财务报告准则时充分考虑我国乃至新兴市场国家的实际情况提供证据。

（2）缺乏对累计其他综合收益信息的价值相关性实证检验。现有国内外研究其他综合收益价值相关性的文献都是使用企业报告的当期其他综合收益数据进行检验，可能的原因是除美国FAS130规定要在所有者权益变动表中披露其他综合收益累计数以外，其他国家的准则和国际财务报告准则并未要求企业披露这一信息。因此，学者们使用企业在利润表或所有者权益变动表中对外披露的当期其他综合收益信息开展研究。当期其他综合收益仅代表与此项目有关的资产或负债的当期价值变动，而累计其他综合收益则代表相关资产或负债价值变动累计影响，他们是对未来收益潜在的累计影响，即一旦与此项目有关的资产或负债被全部处置，累计其他综合收益（而并非当期的其他综合收益）将全部转入实现的损益。从这点看，累计其他综合收益对未来收益的影响更加直接。

现有研究忽视对累计其他综合收益有用性的检验。以我国为例，会计准则没有要求企业披露这一信息，然而鉴于其具有的重要经济含义，本书将上市公司报告的其他综合收益各项目按照年度分别加总计算得出各个项目的累计数，对累计其他综合收益有用性进行检验，以期为规范我国综合收益信息披露、提升综合收益有用性提供证据。

（3）视同投资者所处信息环境是一致的，现实中投资者与企业之间信息不对称程度也存在差异，投资者对复杂会计信息的解读亦存在差异。

现有研究综合收益信息价值相关性的文献中，都有一个前提假设，即投资者所处的信息环境是一致的。然而现实中，投资者在信息收集和处理方面存在较大差异，企业与投资者之间的信息不对称程度存在差异。在信息不对称程度较高时，投资者收集和分析信息的数量有限，处理信息的成本较高，投资者很难发现管理层进行盈余管理活动。此时，管理层有更多的机会进行盈余管理而不致被发现。预期到这种可能性，投资者对公司报告的盈余的可信度降低，而这种较高的不确定会降低会计盈余与股票回报之间的联系。而在信息不对称程度较低时，投资者处理和收集会计信息的成本较低，对公司报告盈余的可信度提高，在这种情况下，股票定价能够充分反应未来盈利信息。可见，信息不对称是影响会计信息价值相关性的一个因素。

我国属于新兴市场国家，国内的股票市场仅仅有20年的发展历史，还处于初级阶段。我国股票市场投资者大多为散户（普通投资者），普通投资者经常处于信息劣势。综合收益报告是我国会计准则国际趋同的一个产物，对我国投资者来讲，综合收益是较新的概念，不具备专业会计知识的普通投资者很可能不理解综合收益中包含的大量未实现损益的实质及其内涵。根据财政部《企业会计准则解释第3号》的要求，上市公司需要在利润表中披露其他综合收益合计数以及综合收益总计信息，其他综合收益项目计入所有者权益项目，而其明细信息在利润表附注中披露。对投资者而言，这些分散的信息可能会加大对这些信息的解析成本，降低这些信息的透明度。目前我国综合收益信息披露的这种模式以及投资者对这一信息的含义不理解，都会带来信息不对称的问题，进而影响综合收益信息的有用性。

作为一项创新，本书将从信息环境角度检验我国上市公司披露的综合收益价值相关性，本书以对公司做出盈利预测的证券分析师追踪人数作为信息不对称程度的衡量，检验信息不对称程度对综合收益价值相关性的影响。本书的研究将为完善上市公司信息披露环境（如积极培育证券分析师行业、加强会计信息披露监管）提升会计准则改革的经济后果提供重要的经验证据。

3

理论分析

本章阐述综合收益计量理论、估值理论，并对有效市场假说和不完全反映假说进行梳理，归纳总结综合收益的本质特征，结合以上理论和假说分析信息环境对会计信息价值相关性的影响。本章阐述以上理论，主要是为实证检验我国上市公司综合收益价值相关性进行理论铺垫。价值相关性研究被用于对估值模型的实证检验，而综合收益的特征会影响其价值相关性。本章阐述不完全反映假说，是从本质上分析信息不对称会对会计信息的价值相关性产生何种影响。引入这一假说是出于以下分析：我国股票市场投资者大多为散户，不具备专业知识的投资者不一定能理解综合收益的内涵，加之我国综合收益信息披露的模式还缺乏透明性，这些因素都会造成普通投资者在解读综合收益信息时解析成本增加，进而带来信息不对称的问题，影响综合收益信息的有用性。如果不考虑信息环境的因素，而单纯检验综合收益与股价的关联，势必忽视影响综合收益有用性的重要因素。因此，本书利用不完全反映假说，阐释影响会计信息价值相关性的因素。为后文实证检验信息环境对综合收益的价值相关性影响进行理论铺垫。

3.1 综合收益理论分析

3.1.1 综合收益内涵

综合收益是从所有者权益变动的角度进行定义的，其反映的是一种总括收益观（有时亦被称作损益满计观）。按照总括收益观，影响所有者权益变动的全部项目（不包括所有者投资和向所有者进行的分配）都属于当期业绩组成部分。企业当期全部收入、费用、利得和损失都应包含在综合收益里。

综合收益对价值创造（value creation）和价值分配（value distribution）进行区分，所有者投资和向所有者进行的分配属于所有者权益当中的价值分配项目，除此以外引起所有者权益变动的项目属于当期的价值创造，即综合收益。综合收益按照企业净资产变动进行定义，体现的是资产负债观下收益的内涵。

综合收益比净利润涵盖内容更丰富，净利润反映企业一定期间的经营成果，综合收益除包括企业经营活动中创造的经营成果以外，还包括未实现的利得和损失。以我国为例，根据财政部《企业会计准则解释第 3 号》，目前计入其他综合收益的项目有："可供出售金融资产公允价值变动，按照权益法核算的在被投资单位其他综合收益中所享有的份额，现金流量套期工具产生的利得和损失，外币财务报表折算差额以及其他项目"①。其中，"外币报表折算差额"是指企业编制合并财务报表，对境外经营的财务报表进行折算时，母公司和子公司之间的汇率变动导致的外币财务报表折算差额。除此项目以外，其他综合收益各项目反映的是企业部分资产和负债项目公允价值变动或被投资企业总体价值变动，这些项目被称作其他综合收益。其他综合收益影响企业当期所有者权益。在相关资产、负债或对外经营企业被处置时（即实现时）转入当期损益。综合收益与净利润两者的关系用公式可以表示为，综合收益 = 净利润 + 其他综合收益。

3.1.2 公允价值计量与综合收益

传统会计收益的报告模式是以实际交易为基础，以收益实现原则、历史成本计量和配比原则为规范的。尽管传统会计收益客观、可检验、具有谨慎性，但却是许多人为规则的产物，因此，一直受到众多批评。表现在：第一，历史成本计量模式不能反映资产持有期间的价值变动。第二，传统会计学收益强调实现原则，即交易已经发生并完成，企业已赚得收取货款的权利，那些没有实质交易的资产价值变动不被包含在当期会计收益中。第三，传统会计学收益强调收益是收入与费用配比的结果。第四，传统会计学收益强调稳健性原则，对部分资产价值下降带来的损失进行确认，而不确认资产价值的上升，导致业绩计量结果缺乏可比性。

随着经济和会计学的发展，以及企业面临的经济环境变化和日益复杂的经营活动，传统的会计收益越来越不能满足会计报告目标。20 世纪 90 年代以来，会计目标由受托责任观向决策有用观转移。为满足决策有用性这一目标，企业报告的财务业绩必须是完整且具有前瞻性的。随着各种金融工具和衍生工具的出现，会计计量出现以公允价值替代历史成本计量基础的趋势。引入公允价值，意味着企业的资产和负债项目按照公允价值计量，企业需要报告相关资产和负债在持有期间的利得或损失，以反映他们的价值变动。例如，

---

① 财政部. 企业会计准则解释第 3 号 [OL]. http: //kjs. mof. gov. cn/zhengwuxinxi/zhengcefabu/200906/t20090625_ 172281. html

其他综合收益项目可供出售金融资产公允价值变动反映的是以公允价值计量的可供出售金融资产的价值变动。现金流量套期工具产生的利得或损失，是指对现金流量变动风险进行套期的工具按照公允价值核算，属于有效套期部分的套期工具当期公允价值变动即为其他综合收益。可见，公允价值计量推动收益确认从收入费用观转变为资产负债观。

然而，由于受到传统历史成本计量收益的制约，并非所有资产和负债项目的公允价值变动都被报告在利润表内，许多未实现的资产和负债价值变动只能绕过利润表而在所有者权益变动表中进行报告（这些项目被称作非干净盈余），直到这些资产和负债被处置时才能转化成已实现的损益。这种做法降低当期业绩的透明性，按照这种报告模式，净利润并不是当期业绩的完整计量。

然而从国际会计准则理事会发布的财务报告概念框架（IFRS 概念框架）来看，在资产负债表的所有者权益部分报告的非干净盈余是满足收益和费用的定义的。根据 IFRS 概念框架，收益（income）是指“在会计期间除去从所有者投入以外的，以资产的流入或增加或者负债减少的形式导致权益增加的经济利益的增加”[①]，收益包含收入（revenue）和利得（gains），两者都能带来经济利益的增加，因此在性质上不存在差异。费用（expense）是指“在会计期间除向所有者进行分配以外的，以资产的流出或损耗或者负债产生的形式导致权益减少的经济利益的减少”[②]。费用包括正常经营活动中的花费（expense）以及损失（losses），费用与损失都代表经济利益的减少，因此他们在性质上也没有差异。

可见，IFRS 概念框架定义的收益和费用是从所有者权益变动的角度出发的，即除去所有者投入或向所有者进行的分配外，所有引起所有者权益变动的项目都属于收益或费用项目，这表明，当期资产和负债的价值变动属于当期收益的一部分。IFRS 概念框架定义的收益和费用是广义的收益和费用。

由此可知，传统的净利润指标作为公司业绩的计量存在缺陷，净利润没能反映当期全部收益与费用之差，因此，综合收益报告成为必然的趋势，综

① 国际财务报告准则，IFRS 概念框架第 4 章 25 段（a）[OL]. http：//www. iasplus. com/standard/framewk. htm

② 国际财务报告准则，IFRS 概念框架第 4 章 25 段（b）[OL]. http：//www. iasplus. com/standard/framewk. htm

合收益里报告的项目才满足 IFRS 概念框架中收益和费用的定义。综合收益是从当期所有者权益变动的角度报告当期业绩，包括当期收入、利得以及费用和损失项目，而不论其是否实现。综合收益的出现打破传统会计收益确认的实现原则，使企业当期业绩报告更加完整，是公允价值计量和收益理论发展的必然结果。

3.1.3 综合收益的特征

综合收益克服传统收益确认的缺陷，从企业净资产变化的角度报告企业当期收益。同传统的净利润相比，综合收益包含更多的公允价值变动项目，因此，在分析综合收益的特征时，必须要结合公允价值计量的特点来分析。本书认为，公允价值计量模式下的综合收益具有以下几个特征：

（1）未实现利得或损失会加速综合收益的波动性。综合收益当中其他综合收益属于未实现的利得和损失，其是否实现还取决于未来市场情况以及公司处置相关资产和负债的时间，这种未实现的利得和损失可能会随市场变化产生波动，因此，同净利润相比，综合收益的波动性更大。

（2）公允价值计量会影响综合收益的可靠性。综合收益是公允价值计量的结果，如何确定公允价值？公允价值计量的一般方法通常包括市价法，类似项目法和估价技术法。市价法是指将资产和负债的市场价格作为公允价值；类似项目法是指在找不到计量项目的市场价格时，使用类似项目市场价格作为替代的一种方法；估价技术法是指前两种方法都不可取时，使用一定的计价模型进行估计。以综合收益当中现金流量套期工具以及自用房地产或存货转换为公允价值模式计量的投资性房地产为例，在确定公允价值时都需要进行估计，由于涉及管理层估计，不论是无偏估计差错还是出于管理层报告动机导致的偏误，都会降低公允价值计量的可靠性，为公允价值计量的综合收益带来更多噪音，进而影响综合收益的可靠性。

（3）其他综合收益是相关资产和负债公允价值变动或企业价值变动的结果，具有不可控性。前面已经讨论过，综合收益的产生是以公允价值计量相关资产和负债的结果，以我国计入其他综合收益中的项目为例，“外币财务报表折算差额”完全取决于外币与本币的汇率变动，而可供出售金融资产、现金流量套期工具等项目的公允价值变动取决于市场供求的因素，“按照权益法核算的在被投资单位其他综合收益中所享有的份额”则取决于被投资单位的业绩，可以看出，同计入净利润的项目不同，其他综合收益项目更多地受外界因素影响，具有不可控性。

（4）综合收益尚未完全反映公司全部资产和负债的公允价值变动，一定程度上限制报表使用人决策。综合收益是从企业净资产变动的角度反映当期业绩，它包括报告期内企业部分资产和负债公允价值变动导致的未实现利得或损失。当前资产负债表中的项目并没有全部采取公允价值计量模式，还有一些项目使用可实现净值、现值和历史成本等计量模式，因此，综合收益无法反映企业当期全部资产和负债项目公允价值变动，而未能反映的这部分价值变动或许恰恰是企业对其资产和负债项目实施有效管理的一部分，这就会导致综合收益的波动性进一步加大，进而影响报表使用人依靠综合收益做出决策。

通过以上分析可知，尽管综合收益突破传统会计收益计量的模式，但是公允价值的引入也为收益计量带来新的问题。综合收益的以上特征对综合收益的价值相关性会产生影响。

3.2 估值理论与会计信息价值相关性

投资者代表财务报表使用人当中一个极其重要的类别，因此有必要从投资者的角度研究会计信息的有用性。投资者使用会计信息对公司价值（或股票价格）进行评估以做出是否投资的决策。估值是投资者做出投资决策的先决条件。

3.2.1 估值理论与会计信息估值有用性

公司估值是对公司内在价值进行评估，通过判断公司的股票价格是否被低估或高估，进而做出投资决策。公司估值旨在考察公司内在价值与市场价值之间的相关系数，通过将市场价值与内在价值的决定因素进行回归来确定两者之间相关关系。常见的以会计信息为基础的价值评估模型包括：股利折现模型（Williams，1938），盈余资本化模型（Fama & Miller，1972）以及Ohlson（1995）剩余收益模型。其中，Ohlson（1995）剩余收益模型是在会计文献中最常用的一个模型。其将公司的市场价值直接表示为公司净利润和净资产价值的一个函数，是会计信息估值有用计量观的重要理论基础，检验会计信息价值相关性的价格模型也源于此模型。

会计信息估值有用性是指，股票价格应能反映公司业绩，因为会计信息的职能之一就是向投资者提供有用且相关的信息。Kothari（2001）指出，资本市场四个主要研究领域之一即为估值有用性，因为其在价值相关性的情境下，检验会计信息同股票收益或股票价格之间的关系。估值表明一个过程，即投资者使用会计信息估计股价的过程，例如会计业绩指标（如每股收益）同股价之间的关系。估值研究的是会计数据同公司价值的关系，以评价会计数据的特征及其同公司价值的关系。估值研究回答的问题是，哪些会计数据提供与公司价值有关的信息？会计数据如何计量公司价值？第一个问题是从估值有用信息观的角度进行研究，第二个问题则是从估值有用计量观的角度研究会计信息有用性。

3.2.2 估值有用性的信息观和计量观

信息观以美国会计学者 William Beaver 为代表，Beaver（1998）认为，会计信息应该向投资者提供有关企业经济收益的信号，如果向投资者传递的信号能够改变投资者对当前可获得信息的认识，那么这个信号就具有信息含量。换言之，会计信息仅在其能带来差异时才是相关的。信息观强调会计信息的有用性，而非建立会计信息与股票价格的直接联系。信息观认为，如果会计信息有用，那么这些信息会带来股票价格的变化（Ball & Brown，1968）。

与信息观不同的是，计量观与公司估值理论密切相关。计量观认为，会计信息不仅仅传递一种信号，最重要的是，会计信息可以直接用于公司价值评估的模型，即会计信息与股票价格具有直接联系。计量观的一个重要假设是，公司价值可以表示成公司净利润和净资产的一个函数。根据估值有用的计量观，如果一项会计数据与公司价值之间的相关系数不具有统计意义上的显著性，那么这个会计数据则不具有相关性或可靠性。因此，从理论上讲，准则制定者可以据此判断一项会计确认以及计量政策的有效性。同信息观相比，计量观更为关注会计信息对股票价格的直接影响。然而，计量观受到的最大质疑是，当市场不那么有效时，会计信息与公司价值直接关联的假设很难成立。

3.2.3 会计信息价值相关性

如果一项会计数据与权益市场价值之间存在一种可预测的联系，那么它就被定义为是价值相关的。Barth et al.（2001）指出，价值相关性研究被用于对估值模型的实证检验。Barth et al.（2001）认为，只有在会计数据反映与投资者对公司进行估值有关的信息，并且该数据能够可靠地计量，进而反映在股票价格中时，该项会计数据才是价值相关的，即与股票价格之间存在着预期的显著关系。因此，价值相关性研究被用来检验会计信息的估值有用性。

Holthausen（2001）阐述估值理论与价值相关性研究之间的关系，价值相关性研究通过两种理论得出有关推论，即直接估值理论和权益估值输入理论。在直接估值理论中，会计收益被认为可以用于衡量权益的市场价值水平或其变化，或者与他们高度相关。根据直接估值理论进行的价值相关性检验，可以检验备选会计盈余或会计账面价值同股票价格之间的相对关联（relative association），即比较按一个特定准则计算的盈余与股票价格或收益的关联程度与现有准则关联程度进行比较，这些研究通过测试不同会计盈余对股票价格或收益回归的 R^2，R^2 越高表示会计盈余价值相关性越高。

根据权益估值输入理论，会计的职能在于向投资者提供用于评估公司权益价值的估值模型所需的输入信息。这就要求存在一个估值模型（估值理论），并建立会计数据与估值模型的输入变量之间的假设关系。建立在权益估值输入理论上的价值相关性研究通常是增量关联研究。增量关联（incremental association）研究，即在其他变量给定情况下，加入另一个解释变量以检验是否能提高对股票价格或收益的解释力度，如果估计的回归系数显著不为零，那么加入的这个解释变量就具有增量的价值有用性。

3.3 信息环境、不完全反映假说与会计信息价值相关性

3.3.1 有效市场假说与不完全反映假说

有效市场假说（EMH）是会计信息估值有用性的理论基础，各种公司价值估值模型都是建立在有效市场假说之上。根据这一假说，市场充分完全揭示各种类型的信息，这些信息的获取不需要任何成本。有效市场假说认为，市场价格充分反映所有公开披露的信息，不论信息在何处列报都将被反映在股价中。公司会计政策变更如果不涉及现金流量的变动，则不会在市场中带

来价格反映，在报表附注中披露会计信息还是在报表中计量这一信息也不会引起市场价格变化。尽管有效市场假说在学术界有重大影响，然而，越来越多的实证证据表明，股票价格对大的盈余变动以及公司基本信息反应不足或反应过度。现实中，一些投资者仍然努力寻找那些被错误定价的股票，管理层则试图将坏消息隐藏在附注中以稳定股票价格，监管者则努力禁止这类行为，然而从有效市场假说的角度，这些努力都是无用的。

由于有效市场假说越来越不能解释资本市场的许多异象，Bloomfield (2002) 提出有效市场假说的替代理论，不完全反映假说（Incomplete Revelation Hypothesis，IRH）以及解析成本的概念。不完全反映假说认为，投资者投入大量资源去寻找被错误定价的股票，管理层则试图将坏消息隐藏在财务报表附注中以稳定股票价格，这是因为解析成本高的信息没有被反映在股票价格当中。Bloomfield（2002）所指的解析成本包括辨别、收集、编辑、打印、分析、加工数据或雇佣他人从事这些工作的成本费用。不完全反映假说将信息的解析成本与股票价格进行联系，认为解析成本越高的数据越难以反映在股票价格中。这一假说可以解释很多与财务报告有关而有效市场假说又无法解释的现象。不完全反映假说与有效市场假说的比较见图 3－1。

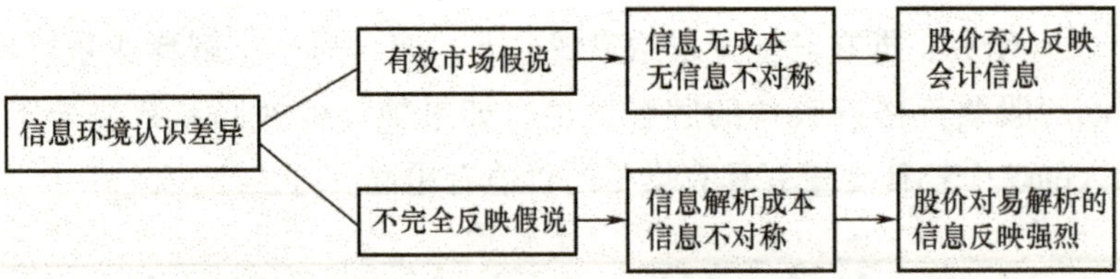

图 3－1　有效市场假说与不完全反映假说比较

有效市场假说认为，市场是完美的，信息无成本且不存在信息不对称，股价能充分反映已披露的会计信息。而不完全反映假说则认为，存在信息不对称以及信息的解析成本，股价对更容易解析的信息反映强烈。可见，有效市场假说和不完全反映假说的差别在于对信息环境的认识。不完全反映假说并非否定有效市场假说，两者的一些理论基础是相同的。基于有效市场假说的事件研究预期，公司发布好消息后股票价格会上升，公司发布坏消息后股票价格下降，现有大量实证研究都是基于有效市场假说，并从可观测到的价格反映来推测投资者对财务数据的反应。不完全反映假说也是基于相同的理论基础，即信息至少部分的被反映在股票价格当中，好消息后股价上升，坏消息后股价下降，价格波动与投资者对公开信息的反应是一致的。不完全反映假说与有效市场假说的区别是，由于存在数据的解析成本，股票价格对更容易从公开信息中获取的数据反应更加强烈。一些经由公司广泛发布并由媒体分析的新闻公告通常会产生更强的价格反映。

不完全反映假说认为，市场没能充分揭示信息，即信息不对称是存在的。由于存在信息不对称，一些投资者比其他投资者具有更多的信息优势。比如，知情的投资者（informed investors）有机会获取公司内幕信息，或者具有更多的知识和经验对复杂的信息进行加工，然而不知情投资者（uninformed investors）则不具有这些优势，因此，知情投资者能够从这些信息优势中获利。

3.3.2 会计信息价值相关性——基于不完全反映假说的分析

不完全反映假说的前提假设是承认存在信息不对称以及信息存在解析成本。本书从这两方面分析这些因素对会计信息价值相关性的影响。

在公司与投资者之间的信息不对称程度较高时，投资者面临的不确定性较高，收集和加工信息的成本较高（解析成本高），投资者较难发现公司管理层进行盈余管理的活动，因此，信息不对称程度较高时，管理层有更多的机会进行盈余管理而不致被发现。预期到这种可能性的存在，投资者对公司报告的盈余的可信度降低，而这种较高的不确定会降低会计盈余与股票回报之间的联系。投资者对存在较高信息不对称公司报告的盈余给予较低的估值。一些基于心理学的研究可以解释信息解析成本对投资者估值决策的影响。Sanbonmatsu et al.（1997）发现，直接列报决策有关的信息可以增加这些信息被使用的概率。Russo（1977）认为，将汇总的信息清晰列示可以增加这些信息的使用率并且影响投资者决策行为。可见，财务信息的透明度会影响报表使用人的决策。只有当信息易于加工时，这一信息才是有用的。

运用不完全反映假说以及解析成本的概念可以解释有关综合收益有用性的实验研究结果。Hirst 和 Hopkins（1998）发现，同在所有者权益变动表当中报告相比，当综合收益信息在财务业绩表中报告时，信息的透明度提高，投资者能更好地估计公司股票价格和公司业绩，这说明当综合收益信息在所有者权益变动表中披露时，信息解析成本更高（所有者权益变动表中，综合收益通常与其他权益项目如股本、留存收益或其他的资本公积项目合并列示，因此同在财务业绩表中单独披露这一信息相比，投资者需要更多努力才能在所有者权益变动表中分离出这一项目），导致投资者未能对在此报表中披露的信息做出恰当的反应。Maines 和 McDaniel（2000）通过实验研究发现，根据美国财务会计准则委员会发布的“报告综合收益”准则 FAS130 的要求披露的可供出售金融资产价值变动信息，可以帮助买方分析师更精确地估计公司股票价格，这说明，分析师的判断受信息披露清晰度的影响，而数据披露的位置，标识以及是单独披露还是合并披露都会影响解析信息的成本。

以上这些实验结果是有效市场假说不能解释的。因为，根据有效市场假说，在不同报表中报告相同的财务信息并不会影响财务报表使用者的判断，根据 FAS130 的要求披露综合收益仅仅意味着财务报表的重新格式化，没有涉及新的确认或计量原则。

3.3.3 证券分析师对信息环境的影响

信息可以减少或消除不确定性，并因此影响使用者决策。所有的公司都面临不同程度的信息不对称（Flannery et al. 2004）。为减少投资者和公司之间的信息不对称，一个可行的方法是通过监管要求管理层披露他们掌握的信息。除高质量的信息披露规则外，信息的产生、传递、加工和使用的过程也影响着信息披露的有效性，而这些则构成投资者所处的信息环境。在这一信息环境中，证券分析师作为信息中介，在减少信息不对称，降低信息解析成本方面发挥重要作用。证券分析师作为知情的投资者，具有比一般投资者更加广泛的信息渠道和专业知识，通过对公司披露的信息进行加工，证券分析师向市场提供更多有关公司的信息，进而降低投资者与公司之间的信息不对称程度。

根据 Bloomfield（2002），解析成本包括辨别、收集、编辑、打印、分析、加工数据或雇佣他人从事这些工作的成本费用。不完全反映假说认为，当解析成本上升时，对信息的需求就会下降，然而作为降低信息解析成本的市场因素，证券分析师的出现会增加信息的提供，提高公司对外披露信息的透明度，降低投资者面临的不确定性风险。与普通投资者相比，分析师具有更广的信息途径以及更专业的分析能力，通过自己专业的信息收集和分析工作，对企业披露的信息进行加工，并利用信息优势跟踪企业，向市场传递相关信息，进而降低整个市场的信息获取成本，丰富投资者的信息环境，减少企业内部和外部投资者之间的信息不对称，增进证券市场的有效运作。证券分析师追踪降低收集和分析数据的成本，使投资者更好的评价公司风险。证券分析师出具的盈利预测报告在市场中能够引起价格反映，说明这些经过解析的盈利预测信息具有价值相关性。

盈利预测是证券分析师的主要工作内容之一。在信息传递过程中，证券分析师对企业公开披露的会计信息进行整理，分析与加工，做出对企业未来盈利的预测。经证券分析师解读的公司财务会计信息的可靠性会得到加强，为投资者获得可靠信息提供保障。同公司披露的高度浓缩的财务信息相比，证券分析师出具的盈利预测报告则更易普通投资者理解，投资者会利用这一盈利预测信息作为估算公司未来盈利的基础，并据以估算公司未来现金流量，进而做出是否投资的决策。作为资本市场的主要信息来源，分析师对上市公司财务报告的解读以及做出的盈利预测改善整个市场的信息环境，改变投资者对公司股票定价时的信息基础，为投资者带来新的获取信息的途径，从而改变投资者对信息的反应程度。对于缺乏分析师跟踪的公司，投资者可得到的盈利预测信息较少，只能根据以往的业绩做出判断，与证券分析师追踪人数较多的公司相比，两者信息环境存在明显差异。

可见，作为投资者进行投资决策的主要信息来源之一，分析师出具的盈利预测丰富投资者的信息环境。对公司做出盈利预测的证券分析师追踪人数越多，投资者可得到的信息越多，公司外部的信息环境越好，公司与投资者之间的信息不对称程度越低。

3.4 本章小结

本章分析综合收益计量理论以及综合收益的特征，并阐述会计信息估值理论在会计信息价值相关性研究中的应用。不论是估值有用的信息观还是计量观，应用估值模型的前提假设是信息是无成本的，不存在信息不对称。然而，现实中，信息不对称普遍存在，市场对一些信息反应过度而对另一些信息则表现为反应不足。据此，本书引入不完全反映假说和解析成本的概念，并利用这一假说，阐述影响会计信息价值相关性的因素。本书认为，不完全反映假说与有效市场假说的差异在于对信息环境的认识，而信息环境的优劣归根结底还是信息不对称程度的问题。信息不对称程度较低时，信息更易获取和加工，信息的解析成本较低，信息环境较好。信息不对称程度较高时，信息不易获取和加工，信息的解析成本较高，信息环境较差。

本章最后分析信息环境对会计信息价值相关性的影响，讨论信息不对称情况下会计信息价值相关性的差异，并揭示证券分析师这一信息中介在降低信息不对称中发挥的作用，本章最后阐述证券分析师如何通过盈利预测改善公司外部信息环境。这一分析为本书后续使用为公司做出盈利预测的证券分析师追踪人数作为衡量信息不对称的替代变量，检验信息环境对综合收益价值相关性的影响奠定理论基础。

4

综合收益的相对价值相关性

本章检验综合收益的相对价值相关性，综合收益的相对价值相关性是指，净利润与综合收益项目（或者综合收益组合项目，即净利润与其他综合收益单个组成项目之和），哪一个收益指标具有对股票价格相对更高的解释力，即投资者在决策时更多会使用哪一个收益指标。

自2007年起，上市公司在所有者权益变动表中报告净利润与直接计入权益的利得和损失项目（这两个项目的合计即为综合收益），此时期综合收益还处于非正式报告阶段。自2009年起，上市公司在利润表中正式报告综合收益，并且在附注中披露其他综合收益信息。在这两个阶段，由于其他综合收益项目在构成和核算方法上存在差异，净利润与其他综合收益单个组成项目之和构成的综合收益组合项目也有所不同。

针对我国综合收益信息披露的特点，本章主要检验以下几个主要问题：第一，同净利润相比，综合收益是否具有更高的价值相关性？第二，净利润与其他综合收益中的单个组成项目构成的综合收益组合项目是否具有更高的价值相关性？第三，在所有者权益变动表中披露的非正式综合收益与在利润表附注中报告的正式综合收益相比，价值相关性是否存在差异？换言之，在利润表中清晰披露的综合收益是否具有更高的价值相关性？第四，在不同行业之间，综合收益价值相关性是否存在差异？

4.1　研究假设

尽管各国准则制定者对综合收益报告的内容和形式已有明确规定，然而，在理论界，对于综合收益的有用性一直存在争议。从估值有用的信息观来看，综合收益增加部分资产和负债项目公允价值变动的信息，比基于历史成本计量的以交易为基础的利润带来更多的信息。然而，仔细分析综合收益的特征可以看出，综合收益具有较高的波动性，未能反映全部资产和负债公允价值变动，以及公允价值取得可能存在误差，这些因素会影响综合收益信息的相对价值相关性。

第一，同净利润相比，综合收益的波动性更高。综合收益等于净利润与当期其他综合收益之和。根据我国新会计准则，除部分项目（如交易性金融资产）公允价值变动计入净利润外，大部分影响当期净利润的收益项目仍然遵循传统的收益确认原则和配比原则。而其他综合收益项目反映的是企业相关资产和负债的持有利得和损失，其他综合收益属于未实现的损益，当期发生的价值变动在下一个会计期间可能会发生逆转，这些未实现损益是否能实现还取决于企业未来的经营。这会增加综合收益的波动性进而减少其可靠性。可见，综合收益较高的波动性会降低综合收益的可靠性，在利用综合收益进行估值时，投资者可能会赋予他们一个较低的权重。

第二，综合收益未能反映公司全部资产和负债的公允价值变动。综合收益当中的其他综合收益项目仅仅反映按照公允价值计量的部分资产和负债项目的价值变动，其他的资产和负债项目按照可实现净值、现值或历史成本计量，例如，可供出售金融资产按照公允价值计量，而持有至到期投资则按照摊余成本的方法计量。这些计量方法是由会计准则制定机构规定的。然而这种混合计量模式无法反映企业为避免价值波动对资产和负债项目进行的有效管理。综合收益只是部分资产和负债项目公允价值计量的结果，投资者只能使用这一收益信息判断企业当期的部分“综合”业绩。综合收益的这一特征影响其在相对估值中的作用。

第三，综合收益是公允价值计量的结果，由于公允价值的确定和取得存在着一些不确定性（在无法取得公允价值时需要使用估值技术或涉及管理层估计），这就导致综合收益的可靠性降低，进而影响综合收益的相对估值作用。综合收益当中包含的其他综合收益反映的是当期相关资产或负债的公允价值变动，确定公允价值的常见方法有市价法、类似项目法和估价技术法。市价法和类似项目法是以相关资产和负债（或类似项目）市场价格作为公允价值，估价技术法是指前两种方法都不可取时，使用一定的计价模型进行估计。以综合收益当中现金流量套期工具以及自用房地产或存货转换为公允价值模式计量的投资性房地产为例，在确定公允价值时都需要进行估计，由于涉及管理层估计，不论是无偏估计差错还是出于管理层报告动机导致的偏误，都会降低公允价值计量的可靠性，为公允价值计量的综合收益带来更多噪声，进而影响综合收益的可靠性。

综合收益的以上特征为综合收益带来噪音以及不确定性，导致综合收益的可靠性降低，影响综合收益信息在估值中的作用。一些 FASB 和 IASB 的成员认为，投资者及其他报表使用人过分重视净利润和每股收益的信息（Foster 和 Hall，1996），造成这一现象的可能原因是投资者更倾向于利用传统的净利润信息进行价值判断。根据以上分析，本书提出：

假设1：净利润比综合收益具有更高的价值相关性。

Dhaliwal（1999）发现，同净利润相比，综合收益具有对股票价格较低的解释力。但是净利润与“可供出售金融资产公允价值变动”之和具有比净利润更高的价值相关性。Biddle和Choi（2006）使用1994—1998年的数据，亦发现净利润与“可供出售金融资产公允价值变动”之和具有比净利润更高的信息含量。这说明，部分其他综合收益组成项目是有用的，因此，净利润与其他综合收益组成项目之和具有比净利润相对更高的价值相关性。综合收益中包含的未实现损益加速综合收益的波动性，进而降低综合收益的可靠性，这是可能导致综合收益的相对价值相关性较低的一个原因。然而，对于其他综合收益单个组成项目，其代表的经济含义是企业相关资产和负债公允价值变动带来的未实现损益，投资者是否会利用这一信息取决于投资者对此信息的理解和解释，如果投资者认为这一信息是重要的，那么在决策时会赋予其更多的权重。

一些实证研究结果表明，未实现利得或损失具有对股票价格的增量解释力。以交易性金融资产项目为例，根据新会计准则，企业拥有的交易性金融资产的当期公允价值变动被计入当期净利润中的“公允价值变动损益”，这部分价值变动属于未实现的利得和损失。邓传洲（2005）以110家B股公司为样本进行实证研究，结果发现，按公允价值计量的投资持有利得和损失具有增量解释力。张晔、胡倩（2007）以在香港上市公司为样本，研究发现以公允价值计量的金融资产期末价值和公允价值变动产生的未实现损益都对公司价值和股票收益率有显著增量解释力。以上实证研究结果表明，尽管交易性金融资产未实现利得或损失属于未实现损益，但是其具有对股票价格的增量解释力，说明投资者在投资决策中确实使用这些信息，交易性金融资产公允价值变动在估值时是有用的。

Sanbonmatsu et al（1997）发现，如果投资者认为其他综合收益组成项目是重要的，那么他们在决策时会使用此信息。以上分析可知，尽管其他综合收益是否能转变成实现的收益还取决于未来经营业绩，然而，就其组成项目来看，单独披露这些项目有助于投资者判断他们所关注的企业相关资产和负债价值变动对未来业绩的影响。这意味着，对于投资者而言，净利润与某些其他综合收益组成项目之和应该比净利润具有更高的估值有用性。基于此，本书提出：

假设2：净利润与单个其他综合收益组成项目之和（以下简称为综合收益组合项目）具有比净利润更高的价值相关性。

从心理学的角度对财务报告展开的研究关注于会计信息的列报和披露。心理学研究表明，如果会计信息以更加简洁和更加清晰的方式进行披露，那么这些信息被利用的可能性就会增加（Johnson et al. 1998，Harper et al. 1991）。Hirst 和 Hopkins（1998）通过实验研究发现，专业分析师和非专业投资者的决策受到综合收益报告形式以及报告位置的影响，同在所有者权益变动表当中报告相比，当综合收益信息在财务业绩表中报告时，单个投资者能更好地估计公司股票价格和公司业绩。这说明，透明度影响财务信息的有用性，准则制定者应该对综合收益披露的形式和内容给予更多关注。Hirst 和 Hopkins（1998）指出，“心理学的研究表明，信息只有在易于得到并且清晰时才是有用的”。

从综合收益报告的规定来看，我国上市公司自 2007 年起在所有者权益变动表中报告综合收益信息，此时综合收益的概念尚未正式提出。在所有者权益变动表中，上市公司需要报告净利润以及直接计入权益的利得和损失项目，这两个项目合计实质上就是综合收益，但是由于尚未提出综合收益的概念，在所有者权益变动表中，上市公司仅报告上述两项目的小计数。此后，2009 年财政部发布《企业会计准则解释第3 号》，明确要求上市公司在利润表中正式报告综合收益，并在利润表附注中披露其他综合收益的组成项目。

可见，与在 2007—2008 年在所有者权益变动表当中隐藏的非正式披露的综合收益相比，2009 年以后在利润表中披露的综合收益更加名正言顺，上市公司在利润表净利润项目后披露综合收益使得这一信息更加清晰，综合收益的透明度增加。结合 Johnson et al.（1998），Harper et al.（1991）以及 Hirst 和 Hopkins（1998）的心理学研究结果，本书提出：

假设3：同在所有者权益变动表中非正式披露的综合收益相比，利润表中正式披露的综合收益具有更高的价值相关性。

一些研究表明，会计信息的价值相关性受到公司和国家特征的影响（Collins 和 Kothari，1989，Easton 和 Zmijewski，1989），行业因素是影响公司特征的一个因素，因为对于同一行业的公司，公司业务受到相同的宏观和微观因素影响。对投资者来讲，不同行业涉及的主要业务不同，损益的构成来源存在差异，在评价公司业绩时，不能脱离行业因素的影响。Biddle（1995）指出，研究行业间信息差异是有用的，对于关注某个行业的投资者而言，获知哪一个业绩指标是这个行业的最佳业绩计量指标，会降低他们的数据收集和分析成本。Dhaliwal et al.（1999）使用美国公司1994—1995年的数据检验发现，只有在金融行业，综合收益具有比净利润更高的价值相关性，而对于其他行业，如制造业，商业和公用事业行业，净利润具有更高的相对价值相关性。Biddle and Choi（2006）亦发现，在金融和制造类企业，综合收益信息具有更高的价值相关性。以上研究结果表明，不同行业最优的业绩计量指标存在差异。根据以上分析，本书提出：

假设4：综合收益以及综合收益组合项目的相对价值相关性存在行业差异。

4.2 研究设计

4.2.1 相对价值相关性检验模型

为验证假设，本书使用价格模型，按照综合收益披露的两个期间进行检验。价格模型通常以某一时点股票价格作为因变量，以每股收益、每股净资产作为自变量（Feltham & Ohlson，1995）。价格模型的理论基础来自于Ohlson（1995）的剩余收益模型，其将公司价值表示为每股收益和每股净资产的一个函数。对于价格模型的使用又可分为以下三个模型：

$$\text{简单盈余资本化模型：}P_{it} = \varphi_0 + \varphi_1 EPS_{it} + \varepsilon_{it} \qquad \text{（公式1）}$$

$$\text{净资产模型：}P_{it} = \varphi_0 + \varphi_1 BVPS_{it} + \varepsilon_{it} \qquad \text{（公式2）}$$

$$\text{Ohlson 模型：}P_{it} = \varphi_0 + \varphi_1 EPS_{it} + \phi_2 BVPS_{it} + \varepsilon_{it} \qquad \text{（公式3）}$$

上式中，P 为每股股票价格，EPS 为每股收益，$BVPS$ 每股净资产。

在利用价格模型检验实证研究时，最常用的是公式3表示的Ohlson模型。

本书在模型选择中，亦以公式3为基准模型，并加入控制规模因素的自变量。这是因为，Collins，Maydew和Weiss（1997）研究发现，规模小的公司的会计信息不足以反映其未来盈利能力，导致其会计盈余与股票收益有较低的价值相关性。Hayn（1995）则认为，规模小的公司倾向于使用较谨慎的会计政策，因此，其会计利润对股票价格的解释力较低。国内学者陈信元等（2002）发现，收益、净资产、剩余收益和公司规模都具有价值相关性，市场在定价时将规模视作不利的因素，规模越大，市场定价越低。袁淳（2005）、王治安和万继峰（2006）也发现规模不同的公司会计盈余价值相关性存在差异。基于此，本书在价格模型中引入控制规模因素的自变量（为保证本书结论的稳健性，在实证检验部分本书将针对检验模型进行多重共线性和自相关检验），并根据我国报告综合收益的两个不同区间，分阶段进行实证检验。

为检验假设1，本书设计具体模型如下：

$$P_t = \alpha_0 + \beta_1 \times EPS_t + \beta_2 \times BVE_t + \beta_3 \times Size_t + \varepsilon_t \quad \text{（模型4-1）}$$

$$P_t = \alpha_0 + \beta_1 \times CI_t + \beta_2 \times BVE_t + \beta_3 \times Size_t + \varepsilon_t \quad \text{（模型4-2）}$$

为检验假设2，在2007—2008年，当其他综合收益在所有者权益变动表中披露时，每股收益与其他综合收益单个项目之和构成的综合收益组合项目的价值相关性，模型如下：

$$P_t = \alpha_0 + \beta_1 \times EPSSEC_t + \beta_2 \times BVE_t + \beta_3 \times Size_t + \varepsilon_t \quad \text{（模型4-3-a）}$$

$$P_t = \alpha_0 + \beta_1 \times EPSOEC_t + \beta_2 \times BVE_t + \beta_3 \times Size_t + \varepsilon_t \quad \text{（模型4-3-b）}$$

$$P_t = \alpha_0 + \beta_1 \times EPSTAX_t + \beta_2 \times BVE_t + \beta_3 \times Size_t + \varepsilon_t \quad \text{（模型4-3-c）}$$

$$P_t = \alpha_0 + \beta_1 \times EPSOTHE_t + \beta_2 \times BVE_t + \beta_3 \times Size_t + \varepsilon_t \quad \text{（模型4-3-d）}$$

为检验2009—2010年，当其他综合收益在利润表中披露时，每股收益与其他综合收益单个项目之和构成的综合收益组合项目的价值相关性，本书设计以下模型：

$$P_t = \alpha_0 + \beta_1 \times EPSSC_t + \beta_2 \times BVE_t + \beta_3 \times Size_t + \varepsilon_t \quad \text{（模型4-4-a）}$$

$$P_t = \alpha_0 + \beta_1 \times EPSOE_t + \beta_2 \times BVE_t + \beta_3 \times Size_t + \varepsilon_t \quad \text{（模型4-4-b）}$$

$$P_t = \alpha_0 + \beta_1 \times EPSCFH_t + \beta_2 \times BVE_t + \beta_3 \times Size_t + \varepsilon_t \quad \text{（模型4-4-c）}$$

$$P_t = \alpha_0 + \beta_1 \times EPSFCX_t + \beta_2 \times BVE_t + \beta_3 \times Size_t + \varepsilon_t \quad \text{（模型4-4-d）}$$

$$P_t = \alpha_0 + \beta_1 \times EPSOTH_t + \beta_2 \times BVE_t + \beta_3 \times Size_t + \varepsilon_t \quad \text{（模型4-4-e）}$$

4.2.2 变量定义

模型主要变量定义如表4-1所示。

表 4-1 变量定义

变量名称	变量定义	变量描述
P	股票价格	上市公司在t时期末下一年4月30日每股价格
EPS	每股收益	上市公司t时期的每股收益
CI	每股综合收益	在2007和2008报告年度，CI为每股净利润加上直接计入所有者权益的利得和损失项目的合计，在2009和2010年报告年度，CI为每股净利润加上其他综合收益项目的合计数
EPSSEC	每股收益与“可供出售金融资产公允价值变动净额”之和	综合收益组合项目，此变量适用于2007和2008报告年度
EPSOEC	每股收益与“权益法下被投资单位其他所有者权益变动的影响”之和	同上
EPSTAX	每股收益与“与计入所有者权益项目相关的所得税影响”之和	同上
EPSOTHE	每股收益与“其他”直接计入权益的利得和损失之和	同上
EPSSC	每股收益与“可供出售金融资产产生的利得（损失）”之和	综合收益组合项目，此变量适用于2009和2010报告年度
EPSOE	每股收益与“按照权益法核算的在被投资单位其他综合收益中所享有的份额”之和	同上
EPSCFH	每股收益与“现金流量套期工具产生的利得（或损失）”之和	同上
EPSFCX	每股收益与“外币财务报表折算差额”之和	同上
EPSOTH	每股收益与其他综合收益中的“其他项目”之和	同上
BVE	每股净资产	上市公司在t时期末每股净资产
SIZE	公司规模	股本总数（以千万股为单位）自然对数

需要说明的是，对于股价变量 P_t，是指在公历年度基础上，年末往后顺延4个月得到4月30日的股票价格。这是因为我国上市公司年报公布的最后期限是下一年的4月30日，这一天上市公司的年报都已对外披露，市场股价可以反映出已公布的会计信息。此外，在确定股票价格时，需要考虑当年资产负债表日至次年4月30日期间公司派发现金股利、股票股利和转股与配股等事项对股价的影响，本书的股价变量 P_t 为经过调整后的复权价格。

4.2.3 相对价值相关性检验方法

Vuong（1989）检验（Vuong test）是比较两个或多个业绩指标对股票价格或管理层薪酬相对解释力的常见方法。在检验综合收益的相对价值相关性时，本书借鉴王治安和万继峰（2006），朱凯、李琴和潘金凤（2008），姜金香、李增泉和李磊（2005），Dhaliwal（1999），Chambers et al（2006）以及Lin（2007）的做法，采用常用的Vuong（1989）检验（Vuong test），并根据Vuong检验结果比较综合收益与净利润的相对价值相关性。

Vuong检验的具体方法如下：设e1、e2分别是模型1、2回归后得到的残差序列，RSS_1、RSS_2 分别是相应的残差平方和，令 $m_i = \frac{1}{2}\log(\frac{RSS_2}{RSS_1}) + \frac{n}{2}(\frac{e2_i^2}{RSS_2} - \frac{e1_i^2}{RSS_1})$，以常数1序列对 m_i 进行回归，得到 m_i 估计系数的t统计量，可以证明 $Z = t[(n-1)/n]^{1/2}$ 近似于标准正态分布，可以直接进行检验，其结果即为Vuong检验的结果。

如果Vuong检验结果显著为正，说明模型1比模型2价值相关性更高，模型1的会计信息更有用，如果Vuong检验结果显著为负，说明模型2比模型1价值相关性更高，模型2的会计信息更有用。根据检验结果VuongZ值报告的显著性水平，可以判断两个模型的价值相关性是否存在显著差异。

4.3 样本选取与描述性统计

4.3.1 样本选取

为检验综合收益的相对价值相关性，本书查阅深市和沪市上市的所有A

股公司 2007—2010 年年报，样本选取标准是其他综合收益项目中至少一项不为零。并按照上市公司综合收益报告的时间，将全部样本划分为 2007—2008 年以及 2009—2010 年两个区间。在确定样本时，在扣除年度净利润或综合收益披露不完整的公司、扣除总股数缺乏的公司、扣除股价缺失的公司、扣除每股净资产无法计算以及净资产为负数的公司，并对研究变量进行 winsorize 处理，在扣除小于 1% 分位数和大于 99% 分位数的极值以后，得到符合价格模型回归要求的样本为：2007 年度和 2008 年度 1 400 个样本，2009 年度和 2010 年度 1 403 个样本。

2007—2008 年的综合收益信息取自巨灵公司开发的巨灵证券分析系统，2009—2010 年年报中披露的综合收益信息均从上市公司年报中手工摘取。除此以外，回归模型中其他数据均来自于国泰安信息技术公司开发的 CSMAR 数据库以及巨灵证券分析系统。数据分析采用 Stata10。

4.3.2 描述性统计

对各变量的描述性统计如表 4 - 2 - a 和表 4 - 2 - b 所示。

表 4 - 2 - a　2007—2008 年度主要变量描述性统计

变量	均值	标准差	中位数	最小值	最大值
P	12. 466 07	8. 872 542	9. 48	3. 595 6	79. 016
BVE	3. 427 884	1. 730 158	3. 134 808	0. 272 954	10. 938 17
EPS	0. 303 589	0. 419 831	0. 224 895	-1. 398 97	2. 653 507
CI	0. 282 381	0. 487 425	0. 218 815	-1. 784 25	2. 517 908
EPSSEC	0. 295 163	0. 498 313	0. 231 974	-2. 394 66	2. 998 037
EPSOEC	0. 307 604	0. 422 495	0. 228 222	-1. 398 97	2. 653 507
EPSTAX	0. 305 157	0. 421 931	0. 227 261	-1. 398 97	2. 653 507
EPSOTHE	0. 285 223	0. 428 632	0. 212 08	-1. 404 21	2. 517 908
SIZE	12. 831 06	0. 828 732	12. 739 05	10. 887 44	17. 070 91

表4-2-b　2009—2010年度主要变量描述性统计

变量	均值	标准差	中位数	最小值	最大值
P	14.584 89	9.101 092	11.99	3.24	66.906
BVE	4.105 224	2.533 768	3.545 7	0.175 119	24.833 78
EPS	0.430 628	0.529 833	0.298 295	-1.387 31	6.259 474
CI	0.485 547	0.663 526	0.338 578	-1.386 58	8.718 131
EPSSC	0.481 303	0.660 128	0.332 623	-1.387 31	8.718 191
EPSOE	0.433 691	0.532 978	0.305 777	-1.387 31	6.259 474
EPSCFH	0.430 056	0.531 196	0.296 378	-1.387 31	6.259 474
EPSFCX	0.430 318	0.529 912	0.301 503	-1.387 31	6.269 077
EPSOTH	0.432 691	0.531 158	0.301 563	-1.386 58	6.297 089
SIZE	13.224 61	1.083 173	13.031 64	10.887 75	19.091 2

表4-3报告了2007—2010年度相对价值相关性检验模型中主要变量描述性统计。表4-2-a和表4-2-b按照2007—2008年度和2009—2010年度这两个报告区间划分。其中在2007—2008年度，综合收益信息报告在所有者权益变动表中，在此期间，每股收益的均值为0.303 6，每股综合收益均值为0.282 4，每股综合收益均值低于每股收益，说明每股综合收益中未实现的利得和损失平均值为负数。在2009—2010年度，综合收益信息在利润表中报告，在此期间，每股收益均值为0.430 6，每股综合收益均值为0.485 5，每股综合收益均值高于每股收益，表明在此期间，每股综合收益中的其他综合收益平均值为正，总体看，上市公司平均报告有未实现利得。对比这两个报告区间，后一个期间的每股收益和每股综合收益的均值都有所提高。

表4-3　2007—2010年度回归模型4-1至4-4-e各变量同股票价格（P）相关系数分析

变量	2007—2008年	变量	2009—2010年
EPS	0.587 8***	EPS	0.582 9***
	0.000 0		0.000 0
CI	0.517 4***	CI	0.482 5***
	0.000 0		0.000 0
EPSSEC	0.515 1***	EPSSC	0.483 1***

续表

变量	2007—2008 年	变量	2009—2010 年
	0.000 0		0.000 0
EPSOEC	0.590 2***	EPSOE	0.580 3***
	0.000 0		0.000 0
EPSTAX	0.580 9***	EPSCFH	0.581 2***
	0.000 0		0.000 0
EPSOTHE	0.563 2***	EPSFCX	0.584 7***
	0.000 0		0.000 0
BVE	0.434 8***	EPSOTH	0.581 4***
	0.000 0		0.000 0
SIZE	-0.054 2**	BE	0.457 6***
	0.042 5		0.000 0
		SIZE	-0.216 3***
			0.000 0

注：***、**、*分别表示在1%、5%、10%水平下显著。

表4-3报告价格模型4-1至4-4-e中每股收益、每股综合收益、每股收益与其他综合收益构建的综合收益组合项目、每股净资产以及公司规模与股票价格的相关系数。此表亦按照综合收益报告的两个区间列示。从表4-3可知，在2007—2008年和2009—2010年两个报告区间，每股净资产、每股收益、每股综合收益，以及每股综合收益组合项目同股票价格都存在显著的正向相关关系，均在0.01水平下显著，而规模与股票价格存在显著的负向相关关系。单从相关系数来看，无法判断每股综合收益、每股综合收益组合项目与每股收益的相对价值相关性。在实证检验部分，还需比较不同收益组合的R^2以及VuongZ值，从而做出进一步判断。

4.4 实证检验与结果分析

4.4.1 综合收益以及综合收益组合项目的相对价值相关性

使用价格模型检验两个不同报告期间综合收益的相对价值相关性的结果

见表4-4和表4-5，表中列出自变量各系数的估计值和显著性程度，以及自变量的总体解释能力 R^2。在回归时本书针对各模型进行多重共线性、自相关检验，没有发现变量间存在多重共线性和自相关，VuongZ 值是以每股收益变量的模型为基准模型，计算得出的相对价值相关性检验统计量。如果 VuongZ 值检验结果显著为正，说明每股收益价值相关性更高，反之则说明每股收益相对价值相关性低。根据 VuongZ 值检验结果不显著，说明两个模型对股价的解释力无显著差异。

表4-4　综合收益及综合收益组合项目的相对价值相关性（2007—2008年）

变量	模型4-1	模型4-2	模型4-3a	模型4-3b	模型4-3c	模型4-3d
BVE	0.625***	1.144***	1.155***	0.614***	0.686***	0.826***
	(4.544)	(8.459)	(8.543)	(4.467)	(4.997)	(6.034)
EPS	11.10***					
	(19.52)					
CI		7.357***				
		(15.32)				
EPSSEC			7.151***			
			(15.22)			
EPSOEC				11.10***		
				(19.68)		
EPSTAX					10.78***	
					(19.08)	
EPSOTHE						9.919***
						(17.90)
SIZE	-1.237***	-1.036***	-1.054***	-1.225***	-1.234***	-1.169***
	(-5.401)	(-4.344)	(-4.413)	(-5.363)	(-5.364)	(-5.020)
常数项	22.82***	19.76***	19.92***	22.67***	22.66***	21.80***
	(7.719)	(6.426)	(6.470)	(7.684)	(7.629)	(7.256)
样本量	1 400	1 400	1 400	1，400	1 400	1 400
R^2	0.368	0.311	0.310	0.370	0.362	0.346
VuongZ		4.674 5***	4.762 9***	-0.675 9	2.748 0***	3.165 2***

注：括号中为 t 值，***、**、* 分别表示在1%、5%、10%水平下显著。

表4－4说明当综合收益在所有者权益变动表中报告时，每股收益、每股综合收益以及每股综合收益组合项目与股票价格的回归结果，结果显示，各回归方程的R^2位于31%～37%之间，每股收益、每股综合收益以及每股综合收益组合项目对股票价格均存在显著正向关系，显著性水平为0.01，这说明，综合收益以及综合收益组合项目具有价值相关性。此外，每股净资产与股票价格显著正相关（在0.01水平下显著），而规模因素与股票价格显著负相关，这一结果与陈信元等（2002）的发现一致，说明规模越大的公司市场定价越低。

由表4－4可知，当自变量为每股收益时，每股收益对股票价格回归系数为11.10，在0.01水平下显著，回归方程R^2为36.8%，而当自变量为每股综合收益时，综合收益对股票价格回归系数为7.357，回归方程R^2为31.1%，VuongZ值为4.674 5，显著性水平为1%，说明尽管每股收益、每股综合收益都与股票价格显著正相关，但是以每股收益作为自变量的回归方程，整体上对股票价格的解释力更高，每股收益具有更高的价值相关性。

对于综合收益组合项目，回归模型4－3b结果显示，当自变量为每股收益与“权益法下被投资单位其他所有者权益变动的影响”这一收益组合项目时，回归系数为11.10，显著性水平1%，回归方程R^2为37%，同每股收益为自变量的回归结果相比，VuongZ值为－0.6759，不具有显著性，说明每股收益与“权益法下被投资单位其他所有者权益变动的影响”之和与每股收益的价值相关性无显著差异。对于每股收益与“可供出售金融资产公允价值变动净额”之和、每股收益与“与计入所有者权益项目相关的所得税影响”之和和每股收益与“其他”直接计入权益的利得和损失项目之和，回归方程R^2都低于以每股收益为自变量的回归结果，VuongZ值显著为正，说明每股收益比这些收益组合具有更高的解释力。

表4－5　综合收益及综合收益组合项目的相对价值相关性（2009—2010年）

变量	模型4－1	模型4－2	模型4－4a	模型4－4b	模型4－4c	模型4－4d	模型4－4e
BVE	0.486***	1.071***	1.064***	0.513***	0.500***	0.481***	0.495***
	(4.864)	(10.22)	(10.13)	(5.145)	(4.996)	(4.837)	(4.947)
EPS	9.313***						
	(19.52)						

续表

变量	模型4-1	模型4-2	模型4-4a	模型4-4b	模型4-4c	模型4-4d	模型4-4e
CI		4.326***					
		(10.90)					
EPSSC			4.378***				
			(10.95)				
EPSOE				9.125***			
				(19.29)			
EPSCFH					9.204***		
					(19.33)		
EPSFCX						9.362***	
						(19.70)	
EPSOTH							9.220***
							(19.33)
SIZE	-2.758***	-2.533***	-2.539***	-2.753***	-2.750***	-2.761***	-2.749***
	(-16.26)	(-13.82)	(-13.86)	(-16.19)	(-16.18)	(-16.31)	(-16.18)
常数项	45.05***	41.59***	41.68***	44.93***	44.94***	45.09***	44.92***
	(20.25)	(17.34)	(17.38)	(20.15)	(20.16)	(20.31)	(20.15)
样本量	1 403	1 403	1 403	1 403	1 403	1 403	1 403
R^2	0.449	0.354	0.354	0.446	0.447	0.451	0.447
VuongZ		4.237 4***	4.171 6***	2.184 5**	1.709 4*	-2.560 9**	2.262 7**

注：括号中为t值，***、**、*分别表示在1%、5%、10%水平下显著。

表4-5为2009—2010年度价格模型回归结果，当自变量为每股收益、每股综合收益或每股综合收益组合项目时，回归方程的R^2位于35.4%~45.1%之间，比2007年和2008年各回归模型的R^2有所提高。当自变量为每股收益、每股综合收益以及每股综合收益组合项目时，都与股票价格有显著的正相关关系，显著性水平为0.01。

当自变量为每股收益时，回归系数为9.313，T值为19.52，在0.01水平下显著，回归模型R^2为0.449，而当自变量为每股综合收益时，回归系数为4.326，T值为10.9，在0.01水平下显著，回归模型R^2为0.354，VuongZ值为4.237 4，在0.01水平下显著，这说明，尽管每股收益和每股综合收益都对股票价格有显著的解释力，然而每股收益的相对解释力更高。

当自变量为综合收益组合项目时，每股收益与“外币财务报表折算差额”之和这一综合收益组合项目对股票价格回归系数为9.362，T值为19.7，在0.01水平下显著，回归模型R^2为0.451，与每股收益为自变量的回归模型相比，VuongZ值为-2.560 9，且在0.05水平下显著。说明每股收益与“外币财务报表折算差额”之和具有比每股收益显著更高的价值相关性。除此项目外，每股收益与其他的综合收益组合项目相比，VuongZ值都为正，且在0.01或0.05水平下显著，说明每股收益的价值相关性更高。

表4-4和表4-5的结果表明，在综合收益报告的两个不同区间，综合收益以及每股收益与其他综合收益之和构成的综合收益组合项目与股票价格均具有显著的正相关关系，说明综合收益以及综合收益组合项目具有价值相关性。当自变量为综合收益时，VuongZ值显著为正，说明每股收益具有更高的相对价值相关性，投资者更加关注每股收益这一传统的收益指标。而造成综合收益具有较低价值相关性的原因可能是综合收益中包含的未实现损益为收益计量带来噪音和不确定性，同净利润相比，综合收益的波动性较大，投资者更加依赖传统的净利润信息做出价值判断。对综合收益的相对价值相关性检验结果证实本书的假设1。

对于每股收益与其他综合收益当中的一个项目构成的综合收益组合项目，VuongZ值在多数情况下显著为正，说明每股收益在多数情况下亦对股票价格具有较高解释力度。当其他综合收益在所有者权益变动表中披露时，同每股收益相比，每股收益与“权益法下被投资单位其他所有者权益变动的影响”之和对股价的解释力无显著差异；当其他综合收益在利润表中披露时，每股收益与“外币报表折算差额”之和具有较高的价值相关性，VuongZ值为-2.5609，且在0.05水平下显著，说明这一项目对股票价格具有显著且更高的解释力。这表明，综合收益的组成部分具有估值有用性。投资者可以利用综合收益组合项目作出更优的估值决策，这一结果说明，除每股收益与“外币报表折算差额”之和构建的收益组合项目外，在多数情况下，每股收益都具有更高的相对价值相关性。表4-4和表4-5的结果部分验证本书的假设2。

4.4.2 综合收益在不同报告区间价值相关性变化

为检验假设3，本书首先对综合收益在两个报告区间与股票价格的相关系数进行比较。从表 4 -4 和表 4 - 5 的结果可以看出，当综合收益在所有者权益变动表中披露时，综合收益与股票价格回归系数为 7.357，T 值为 15.32，在 0.01 水平下显著，当综合收益在利润表中披露时，回归系数为 4.326，T 值为 10.90，在 0.01 水平下显著。在两个区间，综合收益与股价的相关系数都显著，为比较在两个区间综合收益同股票价格回归系数是否存在差异，本书使用组间系数差异检验对这两个系数进行比较，检验结果卡方值为 6.19，在 0.05 水平下显著，说明在这两个区间综合收益回归系数存在显著差异，当综合收益在所有者权益变动表中披露时，综合收益与股价的关联更高。

为保证结果的稳健性，本书设计以下模型检验两个区间综合收益价值相关性差异。

$$P_t = \alpha_0 + \beta_1 * BVE_t + \beta_2 * CI_t + \beta_3 * CI_t * D + \beta_3 * D + \beta_3 * Size_t + \varepsilon_t$$

（模型 4 -5）

模型 4 -5 用来检验两个区间综合收益价值相关性差异，回归的样本为 2007—2010 年全部样本，共 2 803 个样本。模型中的变量定义与表 4 -1 中的变量定义一致。增加的变量 D 为虚拟变量，当综合收益在利润表中披露时，D 取 1，当综合收益在所有者权益变动表中披露时，D 为 0，$CI * D$ 是综合收益与虚拟变量的交叉项。模型 4 -5 回归结果见表 4 -6。

表 4 -6　综合收益价值相关性变化检验结果

变量	估计系数	T 值
BVE	1.077 ***	(12.95)
CI	7.599 ***	(17.49)
CI * D	-3.386 ***	(-6.708)
D	2.268 ***	(6.716)
SIZE	-1.979 ***	(-13.57)
常数项	32.02 ***	(17.09)
样本量	2 803	
R^2	0.336	

注：括号中为 t 值，***、**、* 分别表示在 1%、5%、10% 水平下显著。

表 4 -6 检验综合收益在两个不同区间报告时价值相关性差异。结果显示，综合收益在这两个区间都对股票价格具有显著的解释力，回归系数为

7.599，T值为17.49，综合收益与虚拟变量构建的交叉项系数为-3.386，T值为-6.708，说明当在利润表中报告综合收益时，综合收益的价值相关性更低。

结合表4-4和4-5的结果可知，当综合收益在所有者权益变动表中披露时，每股收益与综合收益相比，VuongZ值为4.674 5，在0.01水平下显著，当综合收益在利润表中披露时，VuongZ值为4.237 4，亦在0.01水平下显著。这说明，无论在所有者权益变动表还是在利润表中，综合收益价值相关性都显著低于净利润，投资者更加关注每股收益的信息。

以上结果并不支持本书假设3。这表明，当综合收益信息在利润表中披露时，其与股价的关联并未提高，而造成综合收益价值相关性降低的可能原因是，当在利润表中清晰披露综合收益信息时，投资者更加意识到其存在很大的不确定性，波动性较高，综合收益包括净利润和未实现的损益，单凭这一高度浓缩的信息很难做出价值判断，导致综合收益与股票价格的相关性降低。此外，在综合收益报告的两个不同区间，每股收益都具有显著更高的价值相关性，投资者在决策时始终更加关注每股收益业绩指标。

4.4.3 综合收益以及综合收益组合项目价值相关性行业差异

表4-7报告2007—2008年，综合收益以及每股收益与其他综合收益构建的收益组合在不同行业的价值相关性。本书按照证监会六大类行业分类标准将上市公司进行行业划分，这六类行业分别是金融业、公用事业、房地产、综合、工业和商业。行业数据取自国泰安数据库。样本数不足30家公司的行业没有单独进行回归。表4-7报告2007—2008年，当综合收益在所有者权益变动表中披露时，使用价格模型分行业检验结果。需要说明的是，由于金融类企业的样本数仅为6个，所以在行业分析中没有单独对其进行回归。

表4-7 综合收益及综合收益组合项目分行业检验结果（2007—2008）

模型	自变量	模型 R^2 及 VuongZ 值	总样本	公用事业	房地产	综合	工业	商业
4-1	EPS	R^2	0.368	0.316 7	0.541 5	0.249	0.372 6	0.441 4
4-2	CI	R^2	0.311	0.288 8	0.477 7	0.244 2	0.318 9	0.369 2
		VuongZ	4.674 5***	0.756 5	1.859 4*	0.130 9	3.944 3***	1.903 5*

续表

模型	自变量	模型 R^2 及 VuongZ 值	总样本	公用事业	房地产	综合	工业	商业
4-3a	EPSSEC	R^2	0.310	0.2751	0.4917	0.2361	0.3260	0.3703
		VuongZ	4.7629***	1.0298	1.3202	0.2852	3.8874***	1.7072*
4-3b	EPSOEC	R^2	0.370	0.3187	0.5353	0.2744	0.3739	0.4413
		VuongZ	-0.6759	-1.1437	1.0805	-1.1875	-0.2849	0.0407
4-3c	EPSTAX	R^2	0.362	0.3072	0.5398	0.2387	0.3701	0.4136
		VuongZ	2.7480***	0.8547	0.1945	1.1064	1.5019	1.7669*
4-3d	EPSOTHE	R^2	0.346	0.3254	0.5021	0.2291	0.3476	0.4071
		VuongZ	3.1652***	-0.6252	1.6061	0.6117	2.9020***	1.5497
样本数			1400①	138	81	123	935	117

注：***、**、*分别表示在1%、5%、10%水平下显著。

表4-7报告2007—2008年度，当综合收益信息在所有者权益变动表中披露时，按行业回归结果。从此表看，综合收益以及综合收益组合项目的相对价值相关性存在行业差异。总样本中，每股收益比每股综合收益具有更高价值相关性，VuongZ值为4.6745，在0.01水平下显著。分行业回归结果显示，在房地产和工业行业，每股收益也具有显著更高的解释力，VuongZ值分别为1.8594和3.9443，在0.1和0.01水平下显著，而在公用事业、综合和商业企业，每股收益和每股综合收益与股价的相关性不存在显著差异。

在全部样本回归中，当自变量为每股收益与“权益法下被投资单位其他所有者权益变动的影响”之和时，回归模型R^2为37%，同每股收益为自变量的回归结果相比，VuongZ值为-0.6759，说明与每股收益相比，两者不存在统计意义上的显著差异。分行业回归结果表明，在不同行业，这一综合收益组合项目与每股收益对股价的解释力都不存在显著差异。

对每股收益与“可供出售金融资产公允价值变动净额”之和，每股收益与“与计入所有者权益项目相关的所得税影响”之和项目，总样本回归结果显示，每股收益对股价解释力显著高于这两项，分行业结果检验说明，这种

① 总样本数为1400家公司，按行业划分时，由于金融类样本数为6，所以略去对金融类公司的分析。

差异是由工业和商业行业的公司带来的，在这些行业，每股收益是业绩计量的最佳指标。

表4－8报告2009—2010年度，当综合收益信息在利润表中披露时，按行业回归结果。在此报告区间，金融类公司样本数为40个，所以本书对金融类公司进行单独回归，发现每股收益、每股综合收益以及综合收益组合项目对股价的解释力无显著差异，每股收益与“可供出售金融资产产生的利得（损失）”之和的VuongZ值为－1.1889，不具有显著性，这一结果间接说明，可供出售金融资产产生的利得（损失）项目不具有估值有用性，本书的这一发现与陆宇建、刘翠翠（2011）的研究结果一致，他们发现金融业上市公司报告的金融工具公允价值变动并不具有价值相关性，说明投资者在决策时没有利用这一信息。本书的这一结果与Dhaliwal et al.（1999）的结果存在差异，Dhaliwal et al.（1999）发现，对于金融类上市公司，综合收益是对业绩计量的更好指标，综合收益价值相关性显著高于每股收益，此外，每股收益与“可供出售金融资产产生的利得（损失）”之和对股价具有显著更高的解释力。与Dhaliwal et al.（1999）研究不同，本书回归使用的样本数量较少，仅40家公司，而Dhaliwal et al.（1999）研究的金融类公司有2 255家。

表4－8　综合收益及综合收益组合项目分行业检验结果（2009—2010）

模型	自变量	模型 R^2 VuongZ值	全体样本	金融	公用事业	房地产	综合	工业	商业
4－1	EPS	R^2	0.449	0.772 7	0.560 2	0.327 1	0.474 8	0.441 9	0.452 1
4－2	CI	R^2	0.354	0.822 8	0.547 9	0.286 1	0.397 9	0.354 3	0.404 4
		VuongZ	4.237 4***	－1.213 3	0.506 9	1.497 0	1.786 6*	3.824 1***	1.356 2
4－4a	EPSSC	R^2	0.354	0.821 4	0.543 5	0.286 5	0.403 5	0.353 7	0.405 6
		VuongZ	4.171 6***	－1.188 9	0.702 9	1.475 9	1.585 4	3.841 1***	1.341 0
4－4b	EPSOE	R^2	0.446	0.772 9	0.559 5	0.337 5	0.468 1	0.439 5	0.446 8
		VuongZ	2.184 5**	－0.350 2	0.354 9	－2.022 5**	2.032 3**	1.316 7	1.138 5
4－4c	EPSCFH	R^2	0.447	0.772 7	0.560 5	0.327 0	0.474 3	0.438 1	0.452 0
		VuongZ	1.709 4*	0.917 3	－1.581 9	0.112 0	0.789 0	1.622 5	0.195 4
4－4d	EPSFCX	R^2	0.451	0.773 9	0.564 9	0.326 5	0.475 4	0.445 1	0.452 2
		VuongZ	－2.560 9**	－1.546 1	－2.034 8**	1.075 6	－0.694 1	－2.290 9**	－0.186 3

续表

模型	自变量	模型 R^2 VuongZ 值	全体样本	金融	公用事业	房地产	综合	工业	商业
4-4e	EPSOTH	R^2	0.447	0.772 8	0.561 2	0.329 6	0.467 8	0.440 8	0.450 0
		VuongZ	2.262 7**	-0.103 7	-1.875 3*	-0.767 0	1.776 5*	1.037 7	0.948 2
样本			1 403	40	109	71	283	781	119

注：***、**、*分别表示在1%、5%、10%水平下显著。

总样本中，每股收益与“外币报表折算差额”之和具有显著高于每股收益对股票价格的解释力，VuongZ 值为 -2.5609，在0.05 水平下显著。分行业回归结果显示，在公用事业和工业行业，这一综合收益组合项目具有显著更高的价值性，VuongZ 值分别为 -2.0348 和 -2.2909，且都在0.05 水平下显著，这两个行业的样本数合计为890，占全部样本的63%，说明这一收益组合项目在总样本中表现出的较高解释力是由这两个行业带来的。

以上检验结果验证本书假设4，即在不同行业间，综合收益以及综合收益组合项目的相对价值相关性存在差异。在不同行业，最优的业绩计量指标存在差异。分行业检验结果表明，总样本中表现出的相对价值相关性差异是由部分行业引起的，研究行业间信息差异是有用的，在判断哪个收益项目是最优的业绩计量指标时，应考虑行业差异。

4.4.4 稳健性检验

本书在以下三方面进行稳健性检验：

（1）由于金融公司具有特殊性，本书将金融类公司从总样本中扣除以后再进行回归，发现回归结果稳健。对于2007—2008 年，以每股收益为自变量的模型 R^2 为0.369 9，以综合收益为自变量的回归模型 R^2 为0.313 2，VuongZ 值为4.673 1，对于2009—2010 年，以每股收益为自变量的模型 R^2 为0.444 5，以综合收益为自变量的回归模型 R^2 为0.349 0，VuongZ 值为4.275 9，这些结果证实在扣除金融类公司后，每股收益依然具有相对更高的解释力。再比较两个报告期间综合收益价值相关性差异，在2007—2008 年，综合收益对股价的回归系数为7.336 2，T 值15.26，在0.01 水平下显著，在2009—2010 年，综合收益对股价的回归系数为4.232 4，T 值10.48，在0.01 水平下显著，从系数看，后一个区间综合收益价值相关性降低。对这两个期间综合收益与股价的相关系数差异进行检验以及在模型中加入报告期间虚拟变量后，证实后一个区间综合收益价值相关性显著更低。这些回归结果与没有扣除金融类公司的总样本回归结果基本一致。

（2）由于亏损公司价值相关性较低（Hayn，1995；Easton，1999），本书将亏损公司从总样本中扣除以后再进行回归，发现回归结果稳健。对于2007—2008年，以每股收益为自变量的模型 R^2 为0.363 7，以综合收益为自变量的回归模型 R^2 为0.293 0，VuongZ值为4.485 8，对于2009—2010年，以每股收益为自变量的模型 R^2 为0.449 7，以综合收益为自变量的回归模型 R^2 为0.343 1，VuongZ值为4.354 0，这些结果证实在扣除亏损类公司后，每股收益依然具有相对更高的解释力。再比较两个报告期间综合收益价值相关性差异，在2007—2008年，综合收益对股价的回归系数为8.331 3，T值14.52，在0.01水平下显著，在2009—2010年，综合收益对股价的回归系数为4.385 4，T值10.08，在0.01水平下显著，从系数看，后一个区间综合收益价值相关性降低。对这两个期间综合收益与股价的相关系数差异进行检验以及在模型中加入报告期间虚拟变量后，证实后一个区间综合收益价值相关性显著更低。这些回归结果与没有扣除亏损类公司的总样本回归结果基本一致。

（3）正文部分报告使用次年4月底经过复权调整的股票价格进行回归的结果，稳健性检验中使用未经过复权调整的次年4月底股票价格回归，回归结果基本一致。

4.5　本章小结

本章目的是检验综合收益以及每股收益与其他综合收益组成项目构建的收益组合的价值相关性。由于其他综合收益项目披露内容存在差异，本章将样本划分为两个期间，分别检验综合收益以及综合收益组合的相对价值相关性，以2007—2010年报告综合收益（其他综合收益至少一项不为零）的A股上市公司为样本，本章得到以下研究结论：

（1）不论是在所有者权益变动表还是在利润表中报告的综合收益，都对股票价格具有显著的解释力，但是其价值相关性都显著低于净利润，说明投资者更加关注净利润这一业绩计量指标。

（2）同在所有者权益变动表中非正式披露的综合收益相比，利润表中披露的综合收益的价值相关性更低。对这两个期间综合收益与股价的相关系数差异进行检验以及在模型中加入虚拟变量的方法都证实这一点。

（3）当综合收益信息在所有者权益变动表中披露时，同每股收益相比，每股收益与“权益法下被投资单位其他所有者权益变动的影响”之和同股价的相关性不存在显著差异。当综合收益在利润表中报告时，每股收益与“外币报表折算差额”之和具有显著更高的解释力。这说明披露其他综合收益的明细信息有助于投资者构建收益组合，某些综合收益组合项目具有更高的估值有用性。

（4）分行业检验结果解释总体样本回归结果。分行业结果显示，每股收益与“外币报表折算差额”之和项目在总体样本中表现出的较高相对价值相关性是由公用事业和工业类企业带来的。说明综合收益信息价值相关性存在行业差异。对金融行业的分析表明，金融行业综合收益以及综合收益组合项目并未显著高于净利润。

5

其他综合收益的增量价值相关性

本章检验其他综合收益的增量价值相关性。其他综合收益的增量价值相关性是指综合收益的组成部分其他综合收益各项目对股票价格是否具有增量解释能力，即其他综合收益组成项目是否与股票价格存在显著的相关关系。我国上市公司其他综合收益报告呈现以下特点：

第一，其他综合收益报告经历从在所有者权益变动表中非正式报告到在利润表中正式报告的阶段，2006 年颁布的新会计准则没有正式提出其他综合收益的概念，其他综合收益的概念及其披露方式在 2009 年《企业会计准则解释第 3 号》中予以规范。

第二，在其他综合收益报告的两个阶段，其他综合收益组成项目及核算方法存在差异。在所有者权益变动表中的其他综合收益项目按照扣除所得税影响之前的金额报告，其他综合收益项目的所得税影响汇总在“直接计入所有者权益项目相关的递延所得税资产和递延所得税负债”项目中，而在利润表中报告的其他综合收益项目均按照扣除所得税以后的金额报告。与所有者权益变动表相比，利润表的其他综合收益增加“现金流量套期工具产生的利得（或损失）”以及“外币财务报表折算差额”项目。

第三，我国目前尚未要求企业披露累计的其他综合收益信息。其他综合收益代表当期相关资产或负债的价值变动，而累计其他综合收益项目反映相关资产或负债项目累计为实现损益，两者反映的经济含义不同，目前，仅美国 FAS130《报告综合收益》中对于累计其他综合收益信息披露有相关规定。FAS130 第 22 段规定：“其他综合收益合计数应该被转入所有者权益项目……在权益中应该有一项累计其他综合收益项目。对于每一个项目应该披露累计的其他综合收益数”。

针对我国其他综合收益信息披露的特点，本章主要检验以下几个问题：①在所有者权益变动表和利润表附注中披露的其他综合收益合计数具有增量价值相关性吗？②在所有者权益变动表和利润表附注中披露的其他综合收益单个组成项目具有增量价值相关性吗？③其他综合收益报告经历非正式到正式报告的阶段，在所有者权益变动表中披露的其他综合收益与在利润表附注中正式报告的其他综合收益相比，增量价值相关性是否发生变化？换言之，在报表附注中清晰披露的其他综合收益是否具有更高的价值相关性？④累计其他综合收益代表相关资产和负债累计未实现损益，累计其他综合收益是否具有增量价值相关性？

5.1 研究假设

其他综合收益是部分资产和负债项目未实现利得或损失，其代表的是一旦处置这些资产和负债，在未来期间将要转换成实现损益的金额。尽管其可靠性比已实现的损益要低，然而同基于历史成本计量的模式相比，报告其他综合收益会给报表使用者带来更多关于资产或负债项目价值变动的信息，至于这部分未实现利得或损失是否具有增量解释力，则取决于投资者如何加工处理这个信息，即投资者在估值时赋予这个信息的权重（Sanbonmatsu et al. 1997）。

以我国其他综合收益中“外币报表折算差额”为例，“外币财务报表折算差额是指企业编制合并财务报表，对境外经营的财务报表进行折算时，产生的外币财务报表折算差额”。这一项目的产生源于母公司和子公司之间的汇率变动，是由于企业编制合并报表时，对资产、负债、所有者权益以及收入和费用项目使用不同的汇率引起的，属于所有者权益的一个调整项目。其性质意味着这项未实现利得或损失对企业的现金流量没有直接影响。如果投资者能够这样理解其含义，则“外币报表折算差额”不具有价值相关性。然而，如果汇率的变动反映的是相关国家的经济状况（利率或通货膨胀率）的变化，那么“外币报表折算差额”则带来比净利润更多的信息，其具有信息含量。这可以解释为何在实证检验时“外币报表折算差额”有时表现出与股价存在正相关性而有时则不具有相关性（如 Collins and Salatka，1993，Soo and Soo，1994，Biddle and Choi，2006）。

CFA 协会（AIMR，1993）指出，“报告有价证券公允价值变动及其他在权益调整项目中由非所有者原因引起的变动是必需的，在报告综合收益时，其组成部分应该予以明示并且被单独估价”[1]。2010 年 5 月，IASB 在关于其他综合收益项目列报的征求意见稿（IASB，2010）中指出，“通过报告其他综合收益项目[2]，可以帮助报表使用者评价包含在其中的个别收入和费用项目的

---

[1] Association for Investment Management and Research（AIMR）. Financial Reporting in the 1990's and Beyond［R］. Charlottesville，Virginia：AIMR，1993.

[2] IAS1 中规定的其他综合收益项目包括：重估价变化，设定收益计划的精算利得和损失，国外经营的财务报表折算产生的特定利得或损失，可供出售的金融资产产生的利得或损失，现金流量套期工具有效套期部分产生的利得和损失。

相关性，进而帮助使用者理解其他综合收益项目是如何影响损益的"①。一些学者实证检验未实现利得或损失项目的价值相关性，Amir et al.（1993）发现，有价证券的价值调整具有价值相关性，除此以外的资产价值重新估值、最低养老金负债项目则与股价不相关。Biddle 和 Choi（2006）使用 1994—1998 年 23 539 个美国上市公司样本，检验发现最低养老金负债项目在全体样本和金融以及制造业公司中，具有增量价值相关性。邓传洲（2005），张晔和胡倩（2007）发现交易性金融资产的当期"公允价值变动损益"具有对股票收益率的增量解释能力。这些研究证实，尽管属于未实现的利得和损失，但是这些价值变动项目具有估值有用性。

根据以上分析，本书认为，其他综合收益有用性取决于投资者对这一信息的解读，投资者在决策时会关注对他们有用的其他综合收益信息。基于此，本书提出：

假设 1：其他综合收益组成项目以及其他综合收益合计项目具有增量价值相关性。

基于心理学角度的研究表明，如果会计信息以更加简洁和更加清晰的方式进行披露，那么这些信息被利用的可能性就会增加（Johnson et al. 1998，Harper et al. 1991）。Maines 和 McDaniel（2000）以及 Hirst 和 Hopkins（1998）的行为实验研究结果也支持这一立场。Hirst 和 Hopkins（1998）发现，根据美国 FAS130 号会计准则披露的有价证券价值变动的信息可以帮助分析师更精确地估计公司股票价格。Hirst 和 Hopkins（1998）的实验研究结果证实，分析师的判断受到价值相关性信息清晰披露的影响。我国学者徐宏（2008）发现，以公允价值计量的交易性金融资产，其表内计量的信息含量明显高于表外披露。这说明，投资者更倾向于分析并利用在报表内清晰披露的信息。即使对于同一个项目，对于表内计量和表外披露，投资者赋予的权重存在差异。FASB 和 IASB 的理事会成员认为"如果其他综合收益的组成部分更加透明，财务分析师与财务报表使用人就会更加关注那些个别项目，进而评价盈余质量，并使用这些项目预测未来财务业绩"（Foster 和 Hall，1996，Lin et al.，2007）。

① IASB，2010，其他综合收益列报征求意见稿，http：//www.iasb.org/NR/rdonlyres/58DEA5EA-8CFC-45A7-910E-A55F9B7EA04F/0/EDOCIJune10.pdf.

一些研究检验在不同报表披露的其他综合收益以及FAS130实施前后，其他综合收益价值相关性是否发生变化。Chambers et al.（2006）发现，其他综合收益披露的位置对其价值相关性产生影响，在所有者权益变动表中披露的其他综合收益，具有比在利润表中更高的价值相关性。这解释为何多数公司选择在所有者权益变动表中披露这一信息。Kanagaretnam et al.（2005）则比较FAS130实施前后其他综合收益价值相关性的变化。Kanagaretnam et al.（2005）发现，FAS130实施后，企业报告的其他综合收益的价值相关性更高。Kanagaretnam et al.（2005）将其他综合收益价值相关性的提高归结为，在FAS130颁布后，投资者对其他综合收益的含义有更好的理解。

我国其他综合收益信息披露经历两个阶段，第一个阶段为其他综合收益非正式披露阶段，其他综合收益信息作为直接计入权益的利得和损失计入所有者权益项目，同其他资本公积项目一同列报。此时，其他综合收益按照没有扣除所得税影响的数额进行报告，与这些项目有关的所得税则汇总在“计入所有者权益项目相关的所得税影响”中。在第二个阶段，财政部正式要求企业在利润表附注中报告其他综合收益，并对其披露内容和方式加以规范，在利润表中披露的其他综合收益增加“现金流量套期工具产生的利得（或损失）”和“外币财务报表折算差额”，取消“与计入所有者权益项目相关的所得税影响”。按照新的披露规定，除“外币报表折算差额”以外，对每项其他综合收益项目都披露与其有关的所得税影响以及当期转入损益的金额。

在这两个阶段，其他综合收益信息披露的报表不同，其他综合收益的组成项目和核算方法亦存在差异。当其他综合收益信息在所有者权益变动表中披露时，由于所有者权益变动表中包含大量其他信息，如股本变动、其他资本公积项目、盈余公积和未分配利润等，根据不完全反映假说①（Bloomfield，2002）这些信息会增加其他综合收益信息的提取和分析成本，普通投资者可能会将非其他综合收益信息误认为是其他综合收益信息。而当其他综合收益信息在利润表中披露时，利润表附注中清晰披露其他综合收益各组成项目，包括每一个项目当期价值变动以及前期计入其他综合收益当期转入损益的金额。显而易见，这种披露方式更加清晰，更易于投资者解读其他综合收益信

① 不完全反映假说认为，投资者投入大量资源去寻找被错误定价的股票，管理层则试图将坏消息隐藏在附注中以稳定股票价格，这是因为解析成本高的信息没有被反映在股票价格当中。由于存在数据的解析成本，股票价格对更容易从公开信息中获取的数据反应更加强烈。

息。此外，从项目构成内容上看，在所有者权益变动表中，其他综合收益项目按照没有扣除所得税影响的数额进行报告，不利于投资者判断单项其他综合收益对公司业绩的税后影响。而在利润表附注中披露的其他综合收益明细项目更加清晰而且完整，其他综合收益项目按照扣除所得税影响后的金额列示，更有利于投资者判断当期产生的其他综合收益对公司未来业绩的潜在影响。根据以上分析，本书提出：

假设2：同在所有者权益变动表中非正式披露的其他综合收益项目相比，在利润表附注中正式披露的其他综合收益项目具有对股票价格显著更高的增量解释力。

对于其他综合收益的报告问题，美国FAS130《报告综合收益》准则要求企业在所有者权益中，对每一个其他综合收益项目都披露其累计数。尽管FASB对此要求没有详细解释，但是不难理解其他综合收益累计数所具有的经济含义。企业当期产生的其他综合收益属于未实现的损益，其仅代表企业当期相关资产或负债项目的价值变动，而其他综合收益累计数则代表企业一旦处置相关资产或负债时，对企业未来收益的全部潜在影响。换言之，其他综合收益累计数在未来收益预测时更加有用，其汇总其他综合收益项目自产生之日起至财务报告截止日的累积价值变动。

举例说明，假设一个上市公司持有“可供出售金融资产”项目，受报告期内证券价格下降的影响，此项“可供出售金融资产”项目公允价值变动净额为负数（报告期出现未实现的损失）。然而公司在以前年度的累计“可供出售金融资产”公允价值变动净额大于报告期内出现的损失，因此，在报告期末，“可供出售金融资产”公允价值变动累计数依然为正（存在累计未实现利得）。这意味着，如果公司处置“可供出售金融资产”，这项资产的累计未实现利得将全部转入损益，公司报告可实现的收益增加，而非减少。可见，如果仅关注报告期内“可供出售金融资产”公允价值的减少而忽视此项目累计的未实现利得，会影响对公司未来业绩的判断。

当期其他综合收益仅反映部分项目当期公允价值变动，累计其他综合收益则揭示相关资产和负债价值变动对未来损益的全部影响。因此，从理论上讲，累计其他综合收益具有经济含义，报告累计其他综合收益信息是有用的，尤其是在投资决策和未来损益预测方面，只有使用累计未实现损益，才能估算出处置相关资产或负债时对未来损益有何影响。根据以上分析，本书提出：

假设3：累计其他综合收益合计项目及累计其他综合收益的组成项目具有增量价值相关性。

5.2 研究设计

为验证假设，本书使用价格模型，按照其他综合收益披露的两个期间进行检验。价格模型的理论基础来自于 Ohlson（1995）的剩余收益估值模型，借鉴 Dechow，Hutton 和 Sloan（1999）的研究，本书亦使用 Ohlson（1995）公司估值模型进行实证检验。此外，为控制公司规模对会计信息价值相关性的影响，同相对价值相关性检验一样，在模型设计中加入规模变量。为保证本书结论的稳健性，在对数据进行回归时本书将针对各模型进行多重共线性和自相关检验。

5.2.1 增量价值相关性检验模型

为检验其他综合收益合计以及其他综合收益单个项目是否具有增量价值相关性，本书设计以下模型：

$$P_t = \alpha_0 + \beta_1 BVE_t + \beta_2 EPS_t + \beta_3 OCI_t + \beta_4 SIZE_t + \varepsilon_t \quad \text{（模型 5-1）}$$

$$P_{it} = \alpha_0 + \alpha_1 BVE_{it} + \alpha_2 EPS_{it} + \alpha_3 SEC_{it} + \alpha_4 OEC_{it} + \alpha_5 TAX_{it} + \alpha_6 OTHE_{it} + \alpha_7 Size + \varepsilon_{it} \quad \text{（模型 5-2）}$$

$$P_{it} = \alpha_0 + \alpha_1 BVE_{it} + \alpha_2 EPS_{it} + \alpha_3 SC_{it} + \alpha_4 OE_{it} + \alpha_5 CFH_{it} + \alpha_6 FCX_{it} + \alpha_7 OTH_{it} + \alpha_8 SIZE + \varepsilon_{it} \quad \text{（模型 5-3）}$$

模型5－1适用于综合收益披露的两个区间。根据其他综合收益披露的内容不同，模型5－2适用于2007—2008年，即综合收益信息在所有者权益变动表中披露，模型5－3适用于2009—2010年，即综合收益信息在利润表中报告，其他综合收益在利润表附注中披露。设计两个模型的原因是对综合收益报告的两个区间进行区分。以可供出售金融资产公允价值变动净额这一项目为例，在综合收益报告的这两个区间，尽管都有此项目，但是其包含的内容不同。当在所有者权益变动表中披露这一项目时，可供出售金融资产公允价值变动净额仅代表当期期末和上期期末公允价值变动，而与其相关的所得税影响单独报告在与计入所有者权益项目相关的所得税影响中。而在利润表附注中，此项目包括当期公允价值变动以及相关的所得税影响。因此，尽管前后期都披露这一项目，其包含的内容并不相同。为区分这种差异，本书在模型变量设计中使用不同变量。

为检验累计其他综合收益的增量价值相关性，本书使用以下模型：

$$P_{it} = \alpha_0 + \alpha_1 BVE_{it} + \alpha_2 EPS_{it} + \alpha_3 LJOCI_{it} + \alpha_4 SIZE + \varepsilon_{it} \quad \text{（模型 5-4）}$$

$$P_{it} = \alpha_0 + \alpha_1 BVE_{it} + \alpha_2 EPS_{it} + \alpha_3 LJSEC_{it} + \alpha_4 LJOEC_{it} + \alpha_5 LJTAX_{it} + \alpha_6 LJOTHE_{it} + \alpha_7 SIZE + \varepsilon_{it} \quad \text{（模型 5-5）}$$

需要说明的是，我国上市公司自2007年开始，在所有者权益变动表中报告综合收益项目，其他综合收益项目最初在所有者权益变动表中列示为直接计入权益的利得和损失，这些项目包括可供出售金融资产公允价值变动净额、权益法下被投资单位其他所有者权益变动的影响、与计入所有者权益项目相关的所得税影响以及其他项目。在2009年，财政部发布《企业会计准则解释第3号》，要求正式报告综合收益，其他综合收益的内容发生变化，主要增加现金流量套期工具产生的利得（或损失）、外币财务报表折算差额两个项目，而原有的与计入所有者权益项目相关的所得税影响这一项目按照其归属直接计入相应的其他综合收益单个项目中。可以看出，在这两个区间，其他综合收益的项目及其包含内容都发生变化，因此，为保证计算口径的一致性，本书按照在所有者权益变动表中披露的其他综合收益项目计算累计数，据此进行实证检验。

5.2.2 变量定义

变量定义见表5-1。

表5-1 变量定义

变量名称	变量定义	变量描述
P	股票价格	上市公司在 t 时期末下一年4月30日每股价格
BVE	每股净资产	上市公司在 t 时期期末每股净资产
EPS	每股收益	上市公司 t 时期的每股收益
OCI	每股其他综合收益合计	当其他综合收益在所有者权益变动表中披露时，此变量代表SEC，OEC，TAX，和OTHE的合计数，当其他综合收益在利润表附注中披露时，此变量代表SC，OE，CFH，FCX和OTH的合计数。

续表

变量名称	变量定义	变量描述
SEC	每股可供出售金融资产公允价值变动净额	其他综合收益的一个组成部分，作为直接计入权益的利得和损失在2007和2008年所有者权益变动表中披露
OEC	每股权益法下被投资单位其他所有者权益变动的影响	同上
TAX	每股与计入所有者权益项目相关的所得税影响	同上
OTHE	每股其他项目	同上
SC	每股可供出售金融资产产生的利得（损失）	其他综合收益的一个组成部分，在2009年和2010年上市公司年报附注中披露
OE	每股按照权益法核算的在被投资单位其他综合收益中所享有的份额	同上
CFH	每股现金流量套期工具产生的利得（或损失）	同上
FCX	每股外币财务报表折算差额	同上
OTH	每股其他项目	同上
LJSEC	每股累计可供出售金融资产公允价值变动净额	在所有者权益变动表中披露的2007和2008年可供出售金融资产公允价值变动净额累计数
LJOEC	每股累计权益法下被投资单位其他所有者权益变动的影响	在所有者权益变动表中披露的2007和2008年权益法下被投资单位其他所有者权益变动影响累计数
LJTAX	每股累计计入所有者权益项目相关的所得税影响	在所有者权益变动表中披露的2007和2008年计入所有者权益项目相关的所得税影响累计数
LJOTHE	每股累计其他项目	在所有者权益变动表中披露的2007和2008年其他项目累计数
LJOCI	每股累计其他综合收益合计	在所有者权益变动表中披露的2007和2008年其他综合收益合计的累计数
SIZE	公司规模	股本总数（以千万股为单位）自然对数

5.2.3 增量价值相关性检验方法

为验证其他综合收益的增量价值相关性，本书将检验回归模型中其他综合收益项目与股价的回归系数及其显著性程度，如果自变量对股票价格的回归系数具有显著性，则说明此变量具有增量解释力。为检验在综合收益报告的两个不同区间，其他综合收益对股票价格解释力是否提高，本书将参照 Roll（1988），Lev（1989）以及 Lin（2007）的方法，比较两个区间回归模型的 R^2，检验其他综合收益组成项目对股票价格的整体解释力是否发生变化。此外，同相对价值相关性使用的方法一致，本章亦使用每股收益作为基准模型，将其同其他综合收益增量价值相关性模型进行比较，通过 Vuong 检验（Vuong test）计算 VuongZ 值，如果在这两个区间，VuongZ 值显著性存在差异，说明，其他综合收益在前后期间增量价值相关性发生变化。

5.3 样本选取与描述性统计

5.3.1 样本选取

本章选取的样本与第四章一致。其范围为在深市和沪市上市的所有 A 股公司 2007—2010 年年报，选择样本的标准为其他综合收益项目中至少一项不为零。在扣除年度净利润或综合收益披露不完整的公司、扣除总股数缺乏的公司、扣除股价缺失的公司、扣除每股净资产无法计算以及净资产为负数的公司，并对研究变量进行 winsorize 处理，扣除小于 1% 分位数和大于 99% 分位数的极值以后，得到符合价格模型回归要求的样本数为：价格模型 2007 年度和 2008 年度 1 400 个样本，2009 年度和 2010 年度 1 403 个样本。

对于报告累计数的样本，本书以 2007 年和 2008 年报告其他综合收益项目的公司为基础，将这两年上市公司报告的其他综合收益各项目分别加总计算得出各个项目的累计数，最终得到有累计数的公司样本 679 家。

2007—2008 年度的综合收益信息摘自巨灵公司开发的巨灵证券分析系统，2009—2010 年年报中披露的综合收益信息均从上市公司年报中手工摘取。除此以外，其他财务数据均来自于国泰安信息技术公司开发的 CSMAR 数据库以及巨灵证券分析系统。数据分析采用 Stata10。

5.3.2 描述性统计

表5-2报告2007—2010年度价格模型回归主要变量描述性统计。表5-2-a和表5-2-b分别报告2007—2008年度和2009—2010年度两个区间的其他综合收益描述性统计结果。表5-2-c报告2007—2008年度累计其他综合收益的描述性统计结果。

表5-2-a 2007—2008年其他综合收益各项目描述性统计

变量	均值	标准差	中位数	最小值	最大值
P	12.466 07	8.872 542	9.48	3.595 6	79.016
BVE	3.427 884	1.730 158	3.134 808	0.272 954	10.938 17
EPS	0.303 589	0.419 831	0.224 895	-1.398 97	2.653 507
SEC	-0.008 43	0.265 254	0	-2.441 63	2.782 944
OEC	0.004 015	0.055 596	0	-0.544 48	0.899 368
TAX	0.001 568	0.051 555	0	-0.695 74	0.610 407
OTHE	-0.018 37	0.123 753	0	-1.350 7	0.644 109
OCI	-0.021 21	0.263 08	-0.000 39	-1.848 96	2.087 79
SIZE	12.831 06	0.828 732	12.739 05	10.887 44	17.070 91

表5-2-b 2009—2010年其他综合收益各项目描述性统计

变量	均值	标准差	中位数	最小值	最大值
P	14.584 89	9.101 092	11.99	3.24	66.906
BVE	4.105 224	2.533 768	3.545 7	0.175 119	24.833 78
EPS	0.430 628	0.529 833	0.298 295	-1.387 31	6.259 474
SC	0.050 675	0.384 283	0	-1.137 56	7.959 558
OE	0.003 063	0.041 644	0	-0.956 42	0.655 016
CFH	-0.000 57	0.036 211	0	-0.641 21	0.999 182
FCX	-0.000 31	0.017 995	0	-0.216 92	0.372 059

续表

变量	均值	标准差	中位数	最小值	最大值
OTH	0.002 063	0.037 161	0	-0.642 53	0.647 23
OCI	0.054 919	0.388 129	0	-1.139 1	7.959 497
SIZE	13.224 61	1.083 173	13.031 64	10.887 75	19.091 2

表 5-2-c 2007—2008 年累计其他综合收益描述性统计

变量	均值	标准差	中位数	最小值	最大值
P	10.547 94	6.812 509	8.42	3.09	59.99
BVE	3.527 221	2.289 535	3.076 812	0.150 702	32.79 031
EPS	0.273 48	0.586 883	0.194 22	-2.311 64	6.129 56
LJSEC	0.010 53	0.167 203	0	-1.125 17	2.130 15
LEOEC	0.004 37	0.039 764	0	-0.240 42	0.513 77
LJTAX	-0.001 25	0.059 629	0	-0.532 54	0.880 33
LJOTHE	-0.047 05	0.253 196	0	-1.940 76	1.425 71
LJOCI	-0.033 39	0.294 11	-0.000 06	-1.940 76	1.597 61
SIZE	12.896 24	0.794 935	12.789 44	10.887 75	16.859 59

从以上结果可知，同每股收益和每股净资产相比，其他综合收益的均值都相对较低。每股其他综合收益合计项目在第一个报告区间均值为负，说明平均来看，在此区间公司有未实现的损失；在第二个报告区间，均值为正，说明在后一个区间公司平均报告有未实现的收益。从描述性统计看，各报告区间其他综合收益单个项目以及合计数表现得并不稳定，这反映出其他综合收益具有波动性的本质，由于其属于未实现的损益，反映的是相关资产和负债项目受市场、利率等因素引起的价格变化，因此其他综合收益具有暂时性收益的特点。

表 5-3 为模型 5-1 至 5-5 的变量相关系数，表 5-3-a 和表 5-3-b 分别按照综合收益报告区间报告 2007—2008 年以及 2009—2010 年回归模型主要变量相关系数，表 5-3-c 为其他综合收益累计数的相关系数。

表 5-3-a　2007—2008 年其他综合收益回归模型变量 Pearson 相关系数（模型 5-1 和 5-2）

	P	BVE	EPS	SEC	OEC	TAX	OTHE	OCI	SIZE
P	1.000 0								
BVE	0.434 8***	1.000 0							
	0.000 0								
EPS	0.587 8***	0.609***	1.000 0						
	0.000 0	0.000 0							
SEC	0.037 3	0.044 8*	0.007 6	1.000 0					
	0.163 4	0.094	0.775 6						
OEC	0.046 4*	0.031 2	-0.018 1	0.026 6	1.000 0				
	0.082 8	0.244 1	0.497 5	0.320 5					
TAX	-0.032 6	-0.037 4	-0.020 6	-0.828 8***	-0.025 6	1.000 0			
	0.223 4	0.162 3	0.441 9	0.000 0	0.338 8				
OTHE	-0.043 5	-0.039 3	-0.075 5***	-0.011 7	0.043 9	-0.001 2	1.000 0		
	0.103 5	0.141 3	0.004 7	0.661 1	0.100 5	0.963 2			
OCI	0.020 5	0.025 9	-0.035 7	0.845 9***	0.253 8***	-0.645 6***	0.467 6***	1.000 0	
	0.442 9	0.332 8	0.181 9	0.000 0	0.000 0	0.000 0	0.000 0		
SIZE	-0.054 2**	0.061 3**	0.102 5***	-0.019 9	-0.013 2	0.010 1	-0.021 8	-0.031 1	1.000 0
	0.042 5	0.021 9	0.000 1	0.456 2	0.622 3	0.706 2	0.415 5	0.244 2	

注：***、**、*分别表示在1%、5%、10%水平下显著。

表 5-3-b　2009—2010 年其他综合收益回归模型变量 Pearson 相关系数（模型 5-1 和 5-3）

	P	BVE	EPS	SC	OE	CFH	FCX	OTH	OCI	SZIE
P	1.000 0									
BVE	0.457 6***	1.000 0								
	0.000 0									
EPS	0.582 9***	0.698 3***	1.000 0							
	0.000 0	0.000 0								
SC	0.026 2	0.190 7***	0.018 1	1.000 0						
	0.326 6	0.000 0	0.498 1							

续表

	P	BVE	EPS	SC	OE	CFH	FCX	OTH	OCI	SZIE
OE	0.009 8	0.002 6	0.036 4	-0.057**	1.000 0					
	0.712 5	0.923 5	0.172 5	0.032 9						
CFH	-0.003 9	0.012 3	0.003 5	0.002 3	0.011 4	1.000 0				
	0.882 9	0.645 7	0.895 5	0.932 6	0.669 6					
FCX	0.054 6**	-0.036 4	-0.012 6	0.007 4	0.02	0.005 4	1.000 0			
	0.041	0.173 5	0.636 8	0.781 3	0.454 5	0.841				
OTH	-0.001 4	0.026 2	0.000 6	-0.006 3	0.004 3	-0.001 8	-0.016 3	1.000 0		
	0.957 8	0.327 3	0.981 4	0.813 8	0.871 9	0.945 2	0.540 6			
OCI	0.029	0.191***	0.021 6	0.983 9***	0.053 3**	0.096 8***	0.054 8**	0.089***	1.000 0	
	0.277 2	0.000 0	0.418 1	0.000 0	0.045 9	0.000 3	0.040 2	0.000 8		
SIZE	-0.216 3***	0.171 4	0.163 7***	-0.036 1	-0.002 7	-0.016	0.005 7	-0.016	-0.038	1.000 0
	0.000 0	0.000 0	0.000 0	0.176 2	0.918 5	0.548 4	0.831 4	0.548 6	0.146	

注：***、**、*分别表示在1%、5%、10%水平下显著。

表5-3-c　2007—2008年累计其他综合收益回归模型Pearson相关系数（模型5-4和5-5）

	P	BVE	EPS	LJSE	LJOE	LJTAX	LJOTHE	SIZE
P	1.000 0							
BVE	0.536 5***	1.000 0						
	0.000 0							
EPS	0.636 6***	0.515 9***	1.000 0					
	0.000 0	0.000 0						
LJSEC	0.003 8	0.026 6	-0.022 6	1.000 0				
	0.921 3	0.489 8	0.556 5					
LJOEC	0.034 3	-0.008 6	-0.053 2	0.016 4	1.000 0			
	0.371 6	0.822 5	0.165 9	0.669 6				
LJTAX	-0.015 1	-0.009 6	-0.006 3	-0.602 3***	0.012 7	1.000 0		
	0.694 3	0.803 1	0.868 9	0.000 0	0.741 2			
LJOTHE	-0.121 8***	-0.086 6**	-0.119 1***	0.019 2	-0.024 8	-0.003 1	1.000 0	
	0.001 5	0.024 1	0.001 9	0.617 9	0.519 5	0.935 7		
LJOCI	-0.101 2***	-0.062 5	-0.123 8***	0.465 1***	0.125 8***	-0.140 6***	0.867 8***	-0.034 1
	0.008 3	0.103 5	0.001 2	0.000 0	0.001 0	0.000 2	0.000 0	0.374 8

续表

	P	BVE	EPS	LJSE	LJOE	LJTAX	LJOTHE	SIZE
SIZE	-0.121 3***	0.019 9	0.027	-0.036 6	0.021 5	0.021 1	-0.023 8	1.000 0
	0.001 5	0.605	0.482 7	0.341	0.576 6	0.582 7	0.535 8	

注：***、**、*分别表示在1%、5%、10%水平下显著。

由表5-3-a可知，在2007—2008年度，每股净资产BVE，每股收益EPS与股票价格的Pearson相关系数分别为0.434 8和0.587 8，在0.01水平下显著，规模变量SIZE与股价相关系数为-0.054 2，在0.05水平下显著负相关，其他综合收益项目权益法下被投资单位其他所有者权益变动的影响与股票价格的Pearson相关系数0.046 4，在0.1水平下显著，除此项目外，其他综合收益项目与股票价格不具有显著相关关系。从表5-3-b可以看出，在2009—2010年度，除每股净资产、每股收益以及规模变量同股票价格具有显著相关关系外，其他综合收益项目外币财务报表折算差额同股票价格的Pearson相关系数为0.054 6，在0.05水平下显著。在这两个报告区间，其他综合收益合计OCI与股票价格不具有显著相关关系。从表5-3-c可以看出，累计其他综合收益合计与股票价格相关系数为-0.101 2，在0.01水平下显著。

对表5-3整体分析可知，在其他综合收益报告的两个不同区间，其他综合收益各项目间大多不具有显著的相关关系。累计其他综合收益各项目之间大多也不具有显著相关关系。为避免回归模型中数据的多重共线性问题，本书在实证检验部分将对其进行测试。

Pearson相关系数仅报告两个变量间相关关系，对于其他综合收益各变量是否对股票价格具有增量解释力，还需要在模型中加入其他控制变量，进行实证检验。

5.4 实证检验与结果分析

5.4.1 其他综合收益合计数增量价值相关性及其变化

表5-4根据综合收益报告的区间，分别报告2007—2008年以及2009—2010年使用模型4-1和模型5-1的回归结果。模型4-1是以每股收益为变量的基准模型，模型5-1则加入OCI这一变量，据以检验OCI的价值相关

性。表中列出自变量各系数的估计值和显著性程度，以及自变量的总体解释能力。在回归时对各模型进行多重共线性、自相关检验，没有发现变量间存在多重共线性和自相关，VuongZ 值是价值相关性检验统计量。

表 5－4 其他综合收益合计项目增量价值相关性及其变化

变量	2007—2008 年		2009—2010 年	
	模型 4－1	模型 5－1	模型 4－1	模型 5－1
BVE	0.625***	0.612***	0.486***	0.515***
	(4.544)	(4.446)	(4.864)	(4.988)
EPS	11.10***	11.16***	9.313***	9.230***
	(19.52)	(19.59)	(19.52)	(19.11)
OCI		1.103		－0.534
		(1.534)		(－1.110)
SIZE	－1.237***	－1.227***	－2.758***	－2.770***
	(－5.401)	(－5.359)	(－16.26)	(－16.30)
常数项	22.82***	22.75***	45.05***	45.16***
	(7.719)	(7.696)	(20.25)	(20.28)
样本量	1 400	1 400	1 403	1 403
R－squared	0.368	0.369	0.449	0.4495
VuongZ	－1.049 9		－0.750 2	

注：括号中为 t 值，***、**、* 分别表示在 1%、5%、10% 水平下显著。

从表 5－4 可知，在综合收益披露的两个不同区间，其他综合收益合计 OCI 与股票价格都不具有显著相关关系，在 2007—2008 年度，OCI 与股票价格的回归系数为 1.103，t 值为 1.534，在 2009—2010 年度，OCI 与股票价格的回归系数为 －0.534，t 值为 －1.11，t 值不显著说明 OCI 不具有对股票价格的增量解释能力。再比较两个区间的 VuongZ 值，在前一个区间，与每股收益为基准模型相比较计算出的 VuongZ 值为 －1.0499，第二个区间的 VuongZ 值为 －0.750 2，VuongZ 值不具有显著性，说明与每股收益为基准的模型相比，加入 OCI 的模型并未显著提高对股票价格的解释力。造成这一结果的可能原因是，并非所有的其他综合收益组成项目都具有估值有用性，其他综合收益合计项目 OCI 作为当期各组成项目的加总，是一高度浓缩的信息，与其他综合收益明细项目相比，合计项目的透明度反而更低，因此影响这一信息的有用性。

5.4.2 其他综合收益组成项目增量价值相关性及其变化

表5-5按照综合收益报告的不同区间，分别报告2007—2008年以及2009—2010年，使用模型4-1、模型5-2以及模型5-3的回归结果。在回归时对各模型进行多重共线性、自相关检验，没有发现变量间存在多重共线性和自相关。

表5-5 其他综合收益组成项目增量价值相关性及其变化

	2007—2008		2009—2010	
变量	模型4-1	模型5-2	模型4-1	模型5-3
BVE	0.625***	0.599***	0.486***	0.532***
	(4.544)	(4.346)	(4.864)	(5.161)
EPS	11.10***	11.18***	9.313***	9.199***
	(19.52)	(19.61)	(19.52)	(19.07)
SEC		1.284		
		(1.009)		
OEC		8.042**		
		(2.365)		
TAX		2.914		
		(0.446)		
OTHE		-0.230		
		(-0.150)		
SC				-0.593
				(-1.221)
OE				-2.965
				(-0.684)
CFH				-3.298
				(-0.663)

续表

变量	2007—2008 模型 4－1	2007—2008 模型 5－2	2009—2010 模型 4－1	2009—2010 模型 5－3
FCX				34.87***
				(3.481)
OTH				－2.431
				(－0.501)
SIZE	－1.237***	－1.225***	－2.758***	－2.782***
	(－5.401)	(－5.353)	(－16.26)	(－16.42)
常数项	22.82***	22.70***	45.05***	45.28***
	(7.719)	(7.686)	(20.25)	(20.39)
样本量	1 400	1 400	1 403	1 403
R－squared	0.368	0.371	0.449	0.455
VuongZ		－1.352 4		－2.216 0**

注：括号中为 t 值，***、**、*分别表示在 1%、5%、10% 水平下显著。

从表 5－5 可知，在 2007—2008 年度和 2009—2010 年度这两个区间，除常数项外，每股净资产、每股收益以及规模变量都与股票价格显著相关，显著性水平为 1%。在 2007—2008 年度，其他综合收益项目中，按照权益法核算的在被投资单位其他综合收益中所享有的份额这一项目与股票价格显著正相关，回归系数为 8.042，T 值为 2.365。在 2009—2010 年度，外币财务报表折算差额这一项目与股票价格的回归系数为 34.87，T 值为 3.481。说明这两个其他综合收益项目对股票价格具有增量解释力。除此以外，其他综合收益的组成项目都不具有对股票价格的显著解释力。

再比较两个区间的 VuongZ 值，在前一个区间，与每股收益为基准模型相比较计算出的 VuongZ 值为－1.3524，但是不具有显著性，第二个区间的 VuongZ 值为－2.2160，且在 0.05 水平下显著。这说明，尽管在第一个区间，其他综合收益的组成项目对股票价格具有增量解释力，但是与每股收益为基准的模型相比，其他综合收益项目分解的模型并未显著提高对股票价格的解释力。而当其他综合收益在利润表附注中报告时，其他综合收益项目分解的模型具有比每股收益模型显著提高的价值相关性。这一结果部分验证本章假设2，即同在所有者权益中列报的直接计入权益的利得和损失项目相比，在附注中披露的其他综合收益具有更高的增量价值相关性。但这一结果仅限于对其他综合收益项目分解的结果，对于其他综合收益合计数，在附注中披露和在所有者权益中披露没有显著差异。

造成这一结果的原因可能是，在2007年度和2008年度，上市公司刚开始披露综合收益以及其他综合收益信息，其他综合收益在其他资本公积项目中报告。在报告其他综合收益时，每个项目仅报告其公允价值变动数，相关的所得税影响被报告在所得税影响项目内，因此，这种披露形式使投资者很难判断单个其他综合收益对损益的影响。此外，除其他综合收益各项目外，亦有很多其他项目也列入其他资本公积，这可能会对其他综合收益项目带来干扰，投资者在决策时尚未给予这些项目充分关注，造成这些项目的价值相关性较低，模型整体的解释力并未显著提高。在2009年度和2010年度，财政部明确要求上市公司在利润表中报告综合收益以及其他综合收益信息，其他综合收益中取消原有的直接计入所有者权益的所得税影响，根据财政部的要求，上市公司应该分项目列示其他综合收益，每一项目应该扣除与其有关的所得税影响，这意味着每一项目应按照扣除所得税影响后的税后金额报告。此外，新的披露要求还增加现金流量套期和外币报表折算这两个项目。可以看出，新的披露要求使得其他综合收益信息的报告更加清晰，其他综合收益的内容及其构成亦更加合理，因此，投资者在决策时会更加关注这些信息，造成其他综合收益对股价的增量解释力显著提高。

从模型5-5的回归结果可知，按照新的披露方法，每股外币报表折算差额对股票价格具有显著正相关关系，本书这一结果与Biddle（2006）一致，Biddle（2006）使用1994—1998年的美国公司样本，检验发现外币报表折算差额这一项目与股票收益显著正相关。进一步分析本书的样本，在1 403个样本中，外币报表折算差额FCX不为0的样本有558个，其中357个为负值，占不为0的样本数的比例为64%。这表明在外币报表折算差额不为零的样本中，近2/3的公司遭受外币报表折算损失。这说明，由于近年来我国人民币持续升值，上市公司在编制含有境外经营部分的合并报表时，外币报表折算差额一项大多报告损失。回归结果显著说明外币报表折算差额损失已经反应在当期股票价格当中。

5.4.3 累计其他综合收益合计及其组成项目的增量价值相关性

表5－6使用模型4－1、模型5－4以及模型5－5的回归结果。其中，模型4－1为2007—2008年以每股收益为变量的基准模型回归结果，模型5－4和模型5－5为同一期间累计其他综合收益合计数以及其他综合收益单个组成项目累计数的增量价值相关性检验结果。在回归时本书对各模型进行多重共线性、自相关检验，没有发现变量间存在多重共线性和自相关。

表5－6 累计其他综合收益合计及其组成项目增量价值相关性

变量	模型4－1	模型5－4	模型5－5
BVE	0.847***	0.847***	0.838***
	(8.819)	(8.820)	(8.736)
EPS	5.730***	5.690***	5.731***
	(15.29)	(15.10)	(15.23)
LJOCI		－0.636	
		(－0.985)	
LJSEC			－0.152
			(－0.108)
LJOEC			11.19**
			(2.361)
LJTAX			－1.082
			(－0.274)
LJOTHE			－1.087
			(－1.453)
SIZE	－1.202***	－1.209***	－1.221***
	(－5.071)	(－5.099)	(－5.162)
常数项	21.50***	21.58***	21.68***
	(6.995)	(7.019)	(7.068)
样本量	679	679	679
R－squared	0.484	0.485	0.490
VuongZ		－0.3778	－0.7614

注：括号中为t值，***、**、*分别表示在1%、5%、10%水平下显著。

从表5－6可知，累计其他综合收益合计数LJOCI与股票价格回归系数为－0.6365，T值为－0.985，说明LJOCI不具有对股票价格的增量解释力。模型5－5报告其他综合收益单个组成项目累计数与股票价格的回归结果，可以看出，除常数项外，每股净资产、每股收益以及规模变量都与股票价格显著相关，显著性水平为1%，其他综合收益组成项目中，按照权益法核算的在被投资单位其他综合收益中所享有的份额的累计数与股票价格的回归系数为11.19，T值为2.361，在0.05水平下显著，这说明，累计其他综合收益对股票价格具有显著的解释力，这一信息具有增量价值相关性，应该披露这一有用的信息。

表5－6报告模型5－4和模型5－5与每股收益为基准模型相比较计算出的VuongZ值，当以每股收益为变量的模型加入累计其他综合收益合计数时，VuongZ值为－0.3778，但是不具有显著性。当以每股收益为变量的模型加入其他综合收益分解的项目时，VuongZ值为－0.7614，亦不显著。这说明，累计其他综合收益合计项目和分解项目并未显著提高模型整体的解释力。这一结论与2007—2008年度其他综合收益（合计以及分解项目）并未显著提高模型整体解释力的结论一致。

综上，累计“权益法核算的在被投资单位其他综合收益中所享有的份额”具有对股价的增量解释力，但是累计其他综合收益合计数不具有对股价的显著解释力。表5－6的结果部分验证本章假设3。

5.4.4　稳健性检验

本书在以下三方面进行稳健性检验：

（1）由于金融类公司具有特殊性，本书将金融类公司从总样本中扣除以后再进行回归，发现实证结果稳健。在扣除金融类公司后，在2007—2008年，对其他综合收益分解模型（模型5－2）的回归结果显示，在所有者权益变动表中披露的“被投资单位所有者权益变动的影响”具有对股票价格的显著增量解释力，回归系数为8.0234，T值为2.36，在0.05水平下显著，除此项目外，其他的其他综合收益项目都与股票价格无显著相关关系。以每股收益为自变量的回归模型（模型4－1）的R^2为0.3699，其他综合收益分解模型（模型5－2）的R^2为0.3732，VuongZ值为－1.3428，不具有统计意义上的显著性。在2009—2010年，对其他综合收益分解模型（模型5－3）的回归结果显示，利润表中披露的“外币报表折算差额”与股票价格显著正相关，回归系数为35.0213，T值为3.46，在0.01水平下显著，除此项目外，其他的其他综合收益项目都与股票价格无显著相关关系。以每股收益为自变量的回归模型（模型4－1）的R^2为0.4445，其他综合收益分解模型（模型5－3）的R^2为0.4504，VuongZ值为－2.2566，在0.05水平下显著。这些回归结果与没有扣除金融类公司总样本的回归结果基本一致。

（2）由于亏损公司价值相关性较低（Hayn，1995，Easton，1999），本书将亏损公司从总样本中扣除以后再进行回归，发现实证结果稳健。在扣除亏损类公司后，在2007—2008年，对其他综合收益分解模型（模型5－2）的回归结果显示，在所有者权益变动表中披露的“被投资单位所有者权益变动的影响”具有对股票价格的显著增量解释力，回归系数为8.0916，T值为2.21，在0.05水平下显著，除此项目外，其他的其他综合收益项目都与股票价格无显著相关关系。以每股收益为自变量的回归模型（模型4－1）的R^2为0.3637，其他综合收益分解模型（模型5－2）的R^2为0.3675，VuongZ值为－1.4441，不具有统计意义上的显著性。在2009—2010年，对其他综合收益分解模型（模型5－3）的回归结果显示，利润表中披露的“外币报表折算差额”与股票价格显著正相关，回归系数为35.0411，T值为3.43，在0.01水平下显著，除此项目外，其他的其他综合收益项目都与股票价格无显著相关关系。以每股收益为自变量的回归模型（模型4－1）的R^2为0.4497，其他综合收益分解模型（模型5－3）的R^2为0.4552，VuongZ值为－2.1545，在0.05水平下显著。这些回归结果与没有扣除亏损类公司的总样本回归结果基本一致。

（3）正文部分报告使用次年4月底经过复权调整的股票价格进行回归的结果，稳健性检验中使用未经过复权调整的次年4月底股票价格回归，发现实证结果稳健。

5.5 本章小结

本章目的是检验其他综合收益的增量价值相关性。由于其他综合收益项目披露内容和披露位置存在差异，本章将全部样本划分为两个期间，分别检验2007—2008年在所有者权益变动表中以及2009—2010年在利润表中披露的其他综合收益的增量价值相关性，此外，作为一个拓展性的研究，本书检验累计其他综合收益增量价值相关性。本章得到以下研究结论：

（1）不论是在所有者权益变动表中还是在利润表中，其他综合收益合计项目 OCI 都不具有对股票价格的显著增量解释力，说明这一项目不具有增量价值相关性。

（2）在所有者权益变动表中披露的“被投资单位所有者权益变动的影响”具有对股票价格的显著增量解释力，说明投资者关注被投资单位所有者权益变动的信息。2009 年以后，利润表中披露的“外币报表折算差额”与股票价格显著正相关，这反映出近年来我国人民币持续升值，上市公司在编制含有境外经营部分的合并报表时，外币报表折算差额一项大多报告损失，回归结果显著说明外币报表折算差额已经反应在当期股票价格当中。以上结果说明投资者关注其他综合收益组成项目，单独披露其他综合收益组成项目有助于投资者作出决策。

（3）当其他综合收益在所有者权益变动表中披露时，以每股收益为自变量的基准模型相比，其他综合收益分解模型的 VuongZ 值为负但不显著，其他综合收益项目整体对股票价格的解释力未显著提高，说明尽管其他综合收益个别项目具有对股票价格的增量解释力，但在所有者权益变动表中披露的其他综合收益项目整体解释力没有显著提高。

（4）当其他综合收益在利润表中披露时，与以每股收益为自变量的基准模型相比，其他综合收益分解模型的 VuongZ 值显著为负，说明其他综合收益项目整体对股票价格的解释力显著提高。对比在所有者权益变动表中披露的其他综合收益，这一结果证实在利润表中披露的其他综合收益价值相关性显著提高。造成其他综合收益价值相关性显著提高的原因可能是，在利润表中其他综合收益项目按照税后影响的金额进行报告，披露的内容更加合理，披露的位置亦更加清晰，投资者在决策时更加关注这些信息。

（5）由于其他综合收益在两个报告区间核算内容口径不一致，本书仅针对在所有者权益变动表中披露的其他综合收益累计数进行检验。本书发现，累计其他综合收益合计数对股票价格不具有显著增量解释能力，但是累计被投资单位所有者权益变动的影响这一项目具有增量价值相关性。这一结果说明，一些累计的其他综合收益项目具有估值有用性，投资者可以利用这一信息进行价值判断。

6

信息环境对综合收益价值相关性影响

本章检验信息环境对综合收益价值相关性的影响。信息可以减少或消除不确定性，并因此影响使用者决策。Akerlof（1970）认为一方拥有较多的信息，而另一方的信息较缺乏时，便会产生信息不对称。除高质量的信息披露规则外，信息的产生、传递、加工和使用的过程亦影响着信息披露的有效性，而这些则构成投资者所处的信息环境。基于不完全反映假说的分析表明，市场存在信息不对称，股票价格对更易解析的数据反映强烈，信息不对称是影响会计信息价值相关性的重要因素。

综合收益报告是我国会计准则国际趋同的一个产物。综合收益对我国投资者是较新的概念。对于上市公司披露的综合收益以及其他综合收益等信息，不具备专业会计知识的普通投资者很可能不理解综合收益中包含的大量未实现损益及其内涵。尽管在 2009 年，财政部发布《企业会计准则解释第 3 号》，对综合收益以及其他综合收益信息披露进行规范，然而在利润表中仅披露其他综合收益合计数以及综合收益总计信息，其他综合收益组成部分的信息在利润表附注中进行报告，这种披露方式会增加其他综合收益的不透明性，导致这些信息的解析成本较高。我国股票市场投资者大多为散户（普通投资者），这些散户经常处于信息劣势，而目前我国综合收益信息披露的这种模式以及投资者对这一信息的含义不理解，都会带来信息不对称的问题，进而影响综合收益信息的有用性。

基于我国综合收益信息披露的特点，本章以对公司做出盈利预测的证券分析师追踪人数作为衡量公司与投资者之间信息不对称的替代变量，检验信息环境对综合收益价值相关性的影响。本章将研究以下问题：第一，当公司与投资者之间的信息不对称程度存在差异时，综合收益的价值相关性是否存在差异？第二，当公司与投资者之间的信息不对称程度存在差异时，其他综合收益的增量价值相关性是否存在差异？第三，当公司与投资者之间的信息不对称程度存在差异时，累计其他综合收益的增量价值相关性是否存在差异？

6.1 研究假设

在现有研究综合收益价值相关性的文献中，都有一个前提假设，即投资者所处的信息环境是一致的，投资者对同一会计信息的反应是一致的。然而现实中，会计信息披露数量、质量高低受各方利益影响，投资者分析能力、获取信息的途径存在差异，企业与投资者之间的信息不对称程度存在差异。不同类型的投资者对同一信息的反应存在差异（Black，1986，Merton，1987）。

Dierkens（1991）认为，当公司管理层拥有相对较多的公司信息时，投资者面临的与公司有关的不确定性增大，因此，信息不对称程度较高。此时，投资者收集和分析信息的数量有限，处理信息的成本较高。与信息不对称程度低的公司相比，在信息不对称程度较高时，由于外部监督较少，管理层有更多的机会操纵盈余，投资者会面临更高的信息风险，相应的通过抑制股票价格或要求较高的资本成本去补偿信息风险（Easley & O'Hara，2004，Gray，Koh & Tong，2008）。而在信息不对称程度较低时，公司外部的信息披露环境较好，投资者面临的信息风险小，不确定性更低，投资者处理和收集会计信息的成本较低，股票定价能够充分反应未来盈利能力的信息，进而会计信息的相关性与可靠性得到提高。股票价格能充分反映已经披露的会计信息。可见，在不同的信息环境下，会计信息与股票价格的关联是不同的。

实证研究结果亦证实，当公司与投资者之间信息不对称程度存在差异时，会计信息与股票价格的相关性存在差异。Rapp（2010）研究发现，当投资者与公司的信息不对称程度增加时，会计盈余与公司股票价格的关联度降低，现金流量对股票价格的解释力增强，而当投资者与公司的信息不对称程度降低时，会计盈余价值相关性提高，这表明，会计盈余的信息含量与信息不对称程度有关。Choi（2011）证实，与信息不对称程度较低的公司相比，在信息不对称程度较高时，操控性应计项目的价值相关性更低。Cormier et al.（2011）则发现，在信息不对称程度较高时，公司更易进行盈余管理，而这导致未来现金流量的不确定性增加，所以公司股票市场对会计信息的反应并不对称。Lu（2011）则发现，在全球经济危机前后，同信息不对称较低的公司相比，在信息不对称程度较高的公司，操控性应计项目的价值相关性下降更加明显，Lu（2011）认为可能的原因是，在信息不对称程度较高的公司，信息披露较少，投资者更难判断这类公司的未来前景。

对于上市公司披露的综合收益信息，由于是比较新的内容，而且其包含较多的其他综合收益项目，各项目核算方法较复杂，加之其他综合收益信息仅在财务报表附注中进行披露，不具备专业知识的普通投资者受自身专业知识限制，不一定能够正确理解综合收益包含的各项目的含义及其对未来收益的影响。这在信息不对称的市场环境中尤为明显。我国存在大量的散户投资者，在信息不对称程度较高时，这些普通投资者处于信息劣势，受信息获取途径的限制，投资者收集和解读综合收益信息的成本很高。加之缺乏对综合收益信息的专业研究和分析，导致投资者会更多依赖传统的净利润会计信息进行股票定价，综合收益以及其他综合收益组成项目与股票价格的相关性较低。相比之下，在信息不对称程度较低时，投资者收集和处理相关信息的成本较低，股票定价能够充分反映公司未来盈利的信息，因此，上市公司披露的综合收益信息有助于改变投资者对股票的定价。在这种情况下，综合收益以及其他综合收益组成部分具有更高的价值相关性。

根据以上分析，本书提出以下3个假设：

假设1：公司与投资者之间的信息不对称程度越低，综合收益以及每股收益与其他综合收益构成的综合收益组合项目与股票价格的相关性更高。

假设2：公司与投资者之间的信息不对称程度越低，其他综合收益项目与股票价格的相关性更高，其他综合收益组成项目对股票价格的增量解释力更高。

假设3：公司与投资者之间的信息不对称程度越低，累计其他综合收益项目与股票价格的相关性更高，累计其他综合收益组成项目对股票价格的增量解释力更高。

6.2　研究设计

6.2.1　检验模型

本章研究信息不对称程度存在差异时综合收益及其组成部分的价值相关性。本章使用的基本模型包括：检验每股收益、综合收益价值相关性的模型4－1和4－2，检验2007—2008年每股收益与其他综合收益项目之和的价值相关性模型4－3－a、4－3－b、4－3－c和4－3－d，检验2009—2010年每股收益与其他综合收益项目之和的价值相关性模型4－4－a、4－4－b、4－4－c、4－4－d和4－4－e，检验2007—2008年其他综合收益的增量价值相关性的模型5－2，检验2009—2010年其他综合收益的增量价值相关性的模型5－3，以及检验2007—2008年累计其他综合收益增量价值相关性的模型5－5。

6.2.2 信息不对称程度的衡量

本书使用对公司做出盈利预测的证券分析师追踪人数作为信息不对称程度的衡量，这主要出于两个原因，第一，在研究公司与投资者之间信息不对称时，常用的衡量信息不对称的变量是证券分析师追踪人数（如 Bhushan，1989，O'Brien 和 Bhushan，1990，Lang 和 Lundholm，1996，Hong，Lim，and Stein，2000），也就是说，追踪公司的证券分析师人数越多，公司外部的信息环境越好，公司与投资者信息不对称程度越低。第二，现有研究（Choi，2006，Hirst & Hopkins，1998）以及本书查阅的我国证券分析师出具的研究报告均表明，证券分析师可以解读综合收益的内涵，并利用综合收益信息进行未来盈利预测，进而改善投资者利用综合收益进行估值的信息环境。

首先，作为资本市场的主要信息中介，证券分析师的工作降低企业与投资者之间的信息不对称。Beaver（2002）认为，大部分投资人缺乏时间、技巧、信息来源和解释财务报表的能力，然而证券分析师具有专业的分析能力和信息获取途径，他们的活动提高股票价格信息含量，由证券分析师有效率地处理的信息有助于提升股价的反应效率。从这点看，证券分析师既是市场信息的主要使用者又是信息的主要制造者。证券分析师通过自己专业的信息收集和分析工作，对企业披露的信息进行加工，并利用信息优势跟踪企业，向市场传递发布相关信息，进而降低整个市场的信息获取成本，丰富投资者的信息环境，减少企业内部和外部投资者之间的信息不对称，增进证券市场的有效运作。Givoly 和 Lakonishok（1979），Lys 和 Sohn（1990），以及 Francis 和 Soffer（1997）发现，证券分析师的研究报告向市场传递信息。Hong，Lim 和 Stein（2000）则发现，随着分析师跟踪人数的增加，信息不对称程度降低，公开信息反映到股票价格中的速度提高。Alford 和 Berger（1999）提出证据表明，与没有财务分析师追踪的公司相比，有财务分析师追踪的公司股票价格能提早反映出公司的信息。El－Gazzar（1997）发现财务分析师的存在加速新信息被反映到股票价格中。朱红军等（2007）对我国证券分析师进行研究，他们发现，随着对公司进行跟踪分析的证券分析师人数的增加，有关公司层面的信息更多地被包含在股票价格中。这些都说明，证券分析师掌握信息优势，通过信息搜寻和分析活动提高股票价格的信息含量。

一些研究表明（如 Hope，2003，Lang 和 Lundholm，1996，Lang et

al. 2003)，证券分析师追踪与公司信息披露程度正相关，这反映出证券分析师倾向于追踪披露信息较多的公司。这说明，分析师追踪人数和公司信息环境具有一定内生性。本书认为，这种内生性不会对本书使用证券分析师追踪人数作为信息不对称的衡量产生影响，因为，本书关注的是公司外部信息环境，证券分析师追踪人数多和信息披露充分都说明公司外部信息环境好，信息不对称程度较低。此外，一些研究使用公司规模作为信息不对称程度的衡量，这是因为，规模大的公司披露信息较多（Bhushan，1989）。本章在实证检验部分，使用在前两章使用的价格模型，这些模型都已加入控制公司规模的变量。

其次，现有研究结果证实，分析师会利用综合收益信息作出价值判断。Choi（2006）发现，证券分析师在盈利预测时使用综合收益这一信息，尤其当综合收益小于净利润时，分析师会相应调低下一个年度的收益预测，而在综合收益大于净利润时，分析师并未相应提高未来收益预测，综合收益与分析师做出盈利预测调整相关。Hirst and Hopkins（1998）通过实验研究的方法证实，根据美国 FAS130 披露的有价证券公允价值变动的信息可以帮助分析师更精确地估计公司股票价格。

为验证我国证券分析师是否会利用综合收益信息进行盈利预测，本书查阅分析师出具的研究报告，发现证券分析师在公司盈利分析时关注综合收益这一信息。在中国银河证券分析师 2011 年 10 月 28 日出具的有关“中信证券”（股票代码 600030）的研究报告中，分析师在对未来业绩分析中以醒目的标题注明，“公司其他综合收益达 -31.45 亿元，未来业绩存隐忧”，在具体分析中指出，“公司其他综合收益达 -31.45 亿元，较二季度末大幅增加 300%，主要是由于公司证券投资中可供出售金融资产的浮亏所至。与半年报该项指标相比，三季度单季新增其他综合收益 -23.68 亿元。如果考虑其他综合收益的负面影响，三季度归属母公司股东的综合收益仅为 2 亿元，每股综合收益仅为 0.02 元。而在半年报中，每股综合收益为 0.22 元……未来预计公司可供出售金融资产的浮亏将会减少”①。从此段分析看出，证券分析师非常关注企业综合收益这一指标，除将其与半年报中的综合收益进行对比外，

① 中信证券：主营业务表现不佳，三季度业绩下滑，bg. panlv. net/down. aspx? file = 33889434cc64a348.

还分析其下降的原因以及对未来业绩产生的负面影响。

在安信证券对中国太保（股票代码601601）3季度业绩点评中，更是以“综合收益出现亏损”作为大标题，在分析具体内容时指出，“公司单季度的综合收益为－52亿元，致使前3季度的综合收益为－26亿元（上半年的综合收益为25亿元）。3季度股市、债市的投资环境均较为恶劣，使得公司的综合收益亏损明显扩大。此外，由于股市、债市的双重影响，公司的每股盈利从1.23元下调到1.05元”。①

以上研究报告表明，证券分析师关注综合收益以及其他综合收益的变化，证券分析师利用专业知识，对其他综合收益以及综合收益信息进行解读，证券分析师充分向市场传递一个信息，即综合收益是重要的业绩指标，其对未来业绩的影响不容忽视。这也证明，证券分析师的存在，丰富信息环境，降低企业与投资者的信息不对称，使用证券分析师追踪人数可以用来衡量信息不对称程度。

基于以上分析，本书使用对公司做出盈利预测的证券分析师追踪人数作为衡量上市公司与投资者之间信息不对称的变量，根据前述假设，对公司盈利预测的证券分析师追踪人数越多，信息不对称程度越低，综合收益、其他综合收益、累计其他综合收益价值相关性越高；反之，对公司盈利预测的证券分析师追踪人数越少，信息不对称程度越高，综合收益、其他综合收益、累计其他综合收益价值相关性越低。

6.2.3 检验方法

为检验信息不对称程度对综合收益、其他综合收益以及累计其他综合收益价值相关性的影响，本书依据上市公司报告综合收益的不同区间，以对公司进行盈利预测的证券分析师人数的中位数将全部样本进行分组，每个区间建立两组子样本。将证券分析师人数高于中位数的公司视为信息不对称程度较低的子样本，证券分析师人数低于中位数的样本公司视为信息不对称程度较高的子样本，对两组子样本按照第4章和第5章综合收益相对价值相关性和增量价值相关性的检验方法分别进行回归，然后通过比较回归结果对假设

① 中国太保（601601）：综合收益出现亏损，www.cnstock.com/gonggaojd/ggxd/201110/1608709.htm.

进行验证。

根据本章假设1，对公司盈利预测的分析师越多，信息不对称程度越低，综合收益以及综合收益组合项目与股票价格的相关系数越高。相反，对公司盈利预测的分析师越少，信息不对称程度越高，综合收益以及综合收益组合项目与股票价格的相关系数越低，本书将比较2007—2008年以及2009—2010年这两个不同区间的子样本的回归系数，对系数是否存在显著性差异进行检验，并在回归模型中加入证券分析师人数的虚拟变量，据此验证此假设。

根据本章假设2，在信息不对称程度较低的子样本中，其他综合收益项目与股票价格的相关系数更高，代表回归模型总体解释力的R^2显著高于以每股收益作为自变量的回归模型，Vuong检验结果显著为负。在信息不对称程度较高的子样本中，其他综合收益项目与股票价格的相关系数较低，回归模型的总体解释力R^2与以每股收益作为自变量的回归模型不存在显著差异，Vuong检验结果不存在显著差异。

根据本章假设3，在信息不对称程度较低的子样本中，累计其他综合收益与股票价格的回归系数显著大于信息不对称程度较高的子样本，此外，代表回归模型总体解释力的R^2显著高于以每股收益作为自变量的回归模型，Vuong检验结果显著为负。

6.3 样本选取与描述性统计

6.3.1 样本选取

本章选取的样本与第4章和第5章一致（具体选择过程见第4章和第5章样本选取）。按照综合收益披露的区间，将2007—2010年的样本划分为两个区间，2007—2008年度1 400个样本，2009—2010年度1 403个样本。2007—2008年报告其他综合收益累计数的公司样本679家。

确定公司与投资者之间的信息不对称程度，是本章假设的重要基础。本书使用预测公司盈利的证券分析师人数衡量信息不对称程度。证券分析师人数的数据取自国泰安信息技术公司开发的CSMAR数据库。

6.3.2 描述性统计

表6-1是证券分析师人数的描述性统计，按照综合收益报告的两个区间以及2007—2008年有累计其他综合收益的公司为样本进行报告。从表6-1可以看出，预测盈利的证券分析师数量差异很大。在三个不同样本区间，最小值均为0。在2007—2008年度，最大值为38人，分析师平均人数4人以上，有证券分析师盈利预测的公司数占总样本的62.4%，2009—2010年最大值为48人，分析师平均人数7人以上，有证券分析师做出盈利预测的公司数占总样本的82.3%。

表6-1 证券分析师人数描述性统计（2007—2010年）

样本区间	总样本数	均值	标准差	中位数	最小值	最大值	非0样本比例
2007—2008年	1400	4.16	6.18	1	0	38	62.4%
2009—2010年	1403	7.60	8.72	4	0	48	82.3%
报告累计数样本	679	5.91	7.72	2	0	38	69.5%

表6-2-a、表6-2-b为回归模型主要变量按照做出盈利预测的证券分析师追踪人数中位数分组以后的均值和中位数检验结果。

表6-2-a 模型主要变量按照分析师人数中位数分组的描述性统计（2007—2008年）

变量	分析师≥1人		分析师<1人		均值之差	*t* 检验	中位数之差	*z* 检验
	均值	中位数	均值	中位数				
EPS	0.4238	0.3476	0.1039	0.08419	0.3199	14.8529***	0.2635	14.970***
SEC	-0.0279	0	0.0239	0	-0.0518	-3.5587***	0	-2.864***
OEC	0.0028	0	0.0060	0	-0.0033	-1.0610	0	1.067
TAX	0.0036	0	-0.0019	0	0.0055	1.9317*	0	1.961**
OTHE	-0.0221	0	-0.0121	0	-0.0099	-1.4608	0	-0.437
CI	0.3802	0.3260	0.1199	0.0862	0.2603	10.0150***	0.2399	13.065***
SIZE	12.9953	12.8889	12.5582	12.5715	0.4370	9.8805***	0.3174	9.254***

注：括号中为 *t* 值，***、**、*分别表示在1%、5%、10%水平下显著。

表 6－2－b 模型主要变量按照分析师人数中位数分组的描述性统计（2009—2010 年）

变量	分析师≥4 人		分析师 <4 人		均值之差	t 检验	中位数之差	z 检验
	均值	中位数	均值	中位数				
EPS	0.635 7	0.519 7	0.186 8	0.133 9	0.448 8	17.430 7***	0.385 8	20.07***
SC	0.029 0	0	0.076 4	0	−0.047 4	−2.306 9**	0	−0.418
OE	0.002 2	0	0.004 0	0	−0.001 7	−0.801 2	0	−0.965
CFH	−0.000 06	0	−0.001 2	0	0.001 1	0.570 2	0	0.439
FCX	−.000 6	0	0.000 03	0	−0.000 6	−0.644 6	0	−3.035***
OTH	0.002 6	0	0.001 4	0	0.001 2	0.607 8	0	1.614
CI	0.668 9	0.535 4	0.267 6	0.154 4	0.401 3	11.831 6***	0.381 0	17.789***
SIZE	13.598 7	13.373 8	12.779	12.717 4	0.819 7	15.221***	0.656 4	13.896***

注：括号中为 t 值，***、**、*分别表示在1%、5%、10%水平下显著。

表6－2－a和表6－2－b分别报告了2007—2008年以及2009—2010年两个区间，按照证券分析师追踪人数中位数分组以后的每股收益、其他综合收益以及综合收益的均值和中位数统计结果。需要说明的是，由于总样本是其他综合收益项目中至少一项不为0，因此，应重点关注按照分析师追踪人数的中位数分组后，各样本组中其他综合收益项目的描述性统计检验结果。

在2007—2008年，按分析师人数中位数分组后，其他综合收益“可供出售金融资产公允价值变动”、“与计入所有者权益项目相关的所得税影响”项目的均值和中位数在两组子样本中存在显著差异。在2009—2010年期间，按分析师人数分组检验结果显示，其他综合收益“可供出售金融资产公允价值变动”的均值存在显著差异（t 值为－2.3069，显著性水平0.05），中位数差异不显著，外币报表折算这一项目中位数差异显著（z 值为－3.035，显著性水平0.01），均值差异不显著。总体看来，在这两个报告区间，针对分析师做出盈利预测的公司，分析师对于其他综合收益的构成没有表现出特别一致的偏好。

6.4 实证检验与结果分析

6.4.1 按分析师中位数分组的综合收益及综合收益组合价值相关性

表6-3报告按照分析师中位数分组的综合收益价值相关性。表中列出自变量各系数的估计值和显著性程度，以及自变量的总体解释能力 R^2。在回归时本书针对各模型进行多重共线性、自相关检验，没有发现变量间存在多重共线性和自相关。

表6-3 按分析师中位数分组的综合收益价值相关性检验结果

变量	2007—2008年		2009—2010年	
	分析师≥1 模型4-2	分析师<1 模型4-2	分析师≥4 模型4-2	分析师<4 模型4-2
BVE	0.783***	0.522***	0.417***	0.887***
	(4.054)	(3.459)	(2.941)	(6.503)
CI	9.000***	3.166***	7.569***	0.929**
	(13.39)	(6.578)	(12.36)	(2.356)
SIZE	-1.550***	-1.634***	-3.263***	-3.632***
	(-4.949)	(-5.220)	(-14.19)	(-11.74)
常数项	28.32***	27.59***	54.53***	54.81***
	(6.814)	(6.927)	(17.33)	(13.75)
样本	874	526	762	641
R^2	0.307	0.182	0.439	0.276
系数差异检验卡方值（及 P 值）		30.71 (0.000 0)		44.71 (0.000 0)

注：括号中为 t 值，***、**、*分别表示在1%、5%、10%水平下显著。

从表6-3可以看出，在2007—2008报告年度，对于分析师大于等于1的子样本，综合收益回归系数为9.0，显著性水平为0.01，分析师小于1的子样本，综合收益与股票价格的回归系数为3.166，显著性水平为0.01，说明两组子样本中，综合收益对股票价格都具有显著的解释力。为进一步比较两个子样本中综合收益回归系数是否具有显著性差异，本书进行组间系数差异检验，检验结果卡方值为30.71，概率为0.000 0，说明两者差异显著。分析师大于等于1的子样本的综合收益与股票价格的回归系数显著大于分析师小于1的子样本。从回归模型R^2看，分析师大于等于1的子样本R^2为0.307，分析师小于1的子样本R^2为0.182，说明在信息不对称程度较低的子样本中，综合收益回归模型拟合度更高。

在2009—2010报告年度，当预测公司盈利的分析师人数大于等于4时，综合收益与股票价格的回归系数为7.569，显著性水平为0.01，分析师小于4的子样本，综合收益与股票价格的回归系数仅为0.929，显著性水平为0.05，说明在分析师人数大于等于4的子样本中，综合收益对股票价格具有更加显著的相关性。进一步进行组间系数差异检验，检验结果卡方值为44.71，概率为0.000 0，说明这两组子样本的综合收益与股票价格回归系数存在显著差异。分析师大于等于4的子样本的综合收益回归系数显著大于分析师小于4的子样本。从回归模型R^2看，分析师大于等于4的子样本的回归模型R^2为0.439，分析师小于4的子样本回归模型R^2为0.276，亦说明分析师大于等于4的子样本的回归模型的拟合度更高。

为保证结果的稳健性，本书设计以下模型检验信息不对称程度对综合收益价值相关性影响。

$$P_t = \alpha_0 + \beta_1 \times BVE_t + \beta_2 \times CI_t + \beta_3 \times CI_t \times D + \beta_4 \times D + \beta_5 \times Size_t + \varepsilon_t$$

（模型6－1）

其中，D为虚拟变量，当分析师人数大于等于所在区间中位数时，D取1，否则D为0，$CI \times D$是综合收益与虚拟变量的交叉项。模型6－1回归结果见表6－4。

表6－4报告2007—2008年以及2009—2010年模型中加入分析师追踪人数这一虚拟变量回归结果，结果显示，在综合收益报告的这两个不同区间，综合收益与股票价格显著正相关，回归系数分别为2.958和1.445，显著性水平为0.01。在2007—2008年，综合收益与分析师追踪人数构建的交叉项系数为6.192，t值为6.986，在2009—2010年，这一交叉项系数为5.643，t值为9.714，都在0.01水平下显著，说明不论是在所有者权益变动表还是在利润表中报告综合收益，对公司做出盈利预测的证券分析师人数越多，综合收益价值相关性越高。

表 6-4 分析师中位数作为虚拟变量的综合收益价值相关性检验结果

变量	2007—2008 年	2009—2010 年
BVE	0.704***	0.579***
	(5.135)	(5.761)
CI	2.958***	1.445***
	(3.917)	(3.262)
CI×D	6.192***	5.643***
	(6.986)	(9.714)
D	2.488***	3.213***
	(5.350)	(6.699)
SIZE	-1.567***	-3.360***
	(-6.614)	(-18.83)
常数项	26.30***	52.14***
	(8.682)	(22.67)
样本量	1 400	1 403
R^2	0.364	0.461

注：括号中为 t 值，***、**、* 分别表示在 1%、5%、10% 水平下显著。

表 6-5-a 和表 6-5-b 报告按分析师中位数分组的每股收益与其他综合收益项目构成的收益组合价值相关性。表 6-5-a 为 2007—2008 年回归结果，表 6-5-b 为 2009—2010 年回归结果。

表 6-5-a 按分析师中位数分组的综合收益组合价值相关性（2007—2008 年）

变量	模型 4-3a 分析师 ≥1	模型 4-3a 分析师 <1	模型 4-3b 分析师 ≥1	模型 4-3b 分析师 <1	模型 4-3c 分析师 ≥1	模型 4-3c 分析师 <1	模型 4-3d 分析师 ≥1	模型 4-3d 分析师 <1
BVE	0.796***	0.531***	0.328*	0.443***	0.410**	0.512***	0.555***	0.523***
	(4.158)	(3.476)	(1.656)	(3.008)	(2.063)	(3.504)	(2.800)	(3.577)
EPSSEC	8.876***	2.886***						
	(13.54)	(6.124)						

续表

变量	模型 4-3a 分析师 ≥1	模型 4-3a 分析师 <1	模型 4-3b 分析师 ≥1	模型 4-3b 分析师 <1	模型 4-3c 分析师 ≥1	模型 4-3c 分析师 <1	模型 4-3d 分析师 ≥1	模型 4-3d 分析师 <1
EPSOEC			12.01 ***	5.668 ***				
			(15.50)	(8.359)				
EPSTAX					11.60 ***	5.425 ***		
					(14.85)	(7.923)		
EPSOTHE							10.77 ***	4.962 ***
							(14.03)	(7.734)
SIZE	-1.548 ***	-1.674 ***	-1.631 ***	-1.562 ***	-1.628 ***	-1.551 ***	-1.611 ***	-1.521 ***
	(-4.951)	(-5.319)	(-5.352)	(-5.102)	(-5.294)	(-5.034)	(-5.181)	(-4.921)
常数项	28.14 ***	28.08 ***	29.46 ***	26.64 ***	29.26 ***	26.40 ***	29.10 ***	26.08 ***
	(6.786)	(7.009)	(7.284)	(6.844)	(7.171)	(6.739)	(7.052)	(6.641)
样本量	874	526	874	526	874	526	874	526
R^2	0.309	0.174	0.345	0.219	0.333	0.209	0.318	0.205
系数差异检验卡方值（及 P 值）		30.83 (0.000 0)		16.84 (0.000 0)		16.13 (0.000 1)		16.23 (0.000 1)

注：括号中为 t 值，***、**、* 分别表示在 1%、5%、10% 水平下显著。

表 6-5-b 按分析师中位数分组的综合收益组合价值相关性（2009—2010 年）

变量	模型 4-4a 分析师 ≥4	模型 4-4a 分析师 <4	模型 4-4b 分析师 ≥4	模型 4-4b 分析师 <4	模型 4-4c 分析师 ≥4	模型 4-4c 分析师 <4	模型 4-4d 分析师 ≥4	模型 4-4d 分析师 <4	模型 4-4e 分析师 ≥4	模型 4-4e 分析师 <4
BVE	0.388 ***	0.888 ***	0.246 *	0.614 ***	0.250 *	0.607 ***	0.219	0.601 ***	0.241 *	0.606 ***
	(2.733)	(6.501)	(1.758)	(4.975)	(1.782)	(4.902)	(1.565)	(4.877)	(1.709)	(4.901)
EPSSC	7.779 ***	0.926 **								
	(12.54)	(2.344)								
EPSOE			9.276 ***	4.991 ***						
			(14.10)	(7.604)						

续表

变量	模型4-4a 分析师≥4	模型4-4a 分析师<4	模型4-4b 分析师≥4	模型4-4b 分析师<4	模型4-4c 分析师≥4	模型4-4c 分析师<4	模型4-4d 分析师≥4	模型4-4d 分析师<4	模型4-4e 分析师≥4	模型4-4e 分析师<4
EPSCFH					9.217***	5.146***				
					(13.97)	(7.611)				
EPSFCX							9.460***	5.220***		
							(14.35)	(7.780)		
EPSOTH									9.275***	5.136***
									(13.98)	(7.662)
SIZE	-3.268***	-3.634***	-3.332***	-3.545***	-3.322***	-3.535***	-3.338***	-3.524***	-3.333***	-3.510***
	(-14.25)	(-11.75)	(-14.87)	(-11.91)	(-14.80)	(-11.88)	(-14.95)	(-11.86)	(-14.85)	(-11.79)
常数项	54.63***	54.83***	55.45***	53.84***	55.36***	53.73***	55.58***	53.58***	55.49***	53.40***
	(17.40)	(13.75)	(18.07)	(14.05)	(18.00)	(14.02)	(18.18)	(14.00)	(18.05)	(13.93)
样本	762	641	762	641	762	641	762	641	762	641
R^2	0.442	0.276	0.466	0.331	0.464	0.331	0.470	0.333	0.464	0.332
系数差异检验卡方值(及P值)		45.62 (0.000 0)		12.52 (0.000 4)		10.40 (0.001 3)		11.26 (0.000 8)		10.96 (0.000 9)

注：括号中为t值，***、**、*分别表示在1%、5%、10%水平下显著。

表6-5中列出自变量各系数的估计值和显著性程度，自变量的总体解释能力R^2，以及针对综合收益组合项目系数检验的卡方检验结果和P值。表6-5-a和6-5-b的结果表明，不论是在信息不对称程度较低还是信息不对称程度较高的子样本中，综合收益组合项目与股票价格都存在显著正向相关关系，显著性水平为0.01，但是在信息不对称程度较低的子样本中，综合收益组合项目与股票价格的回归系数都大于信息不对称程度较高的子样本，组间系数差异检验的卡方值结果显示，对于信息不对称程度较低的子样本，各项综合收益组合项目与股票价格的回归系数都显著高于信息不对称程度较高的子样本，卡方检验结果均在0.01水平下显著。为保证结果稳健性，同综合收益价值相关性检验一致，本书亦在模型中加入分析师人数虚拟变量，具

体模型如下：

$$P_t = \alpha_0 + \beta_1 \times BVE_t + \beta_2 \times EPSSEC_t + \beta_3 \times EPSSEC_t \times D + \beta_4 \times D + \beta_5 \times SIZE_t + \varepsilon_t \quad \text{（模型 6-2）}$$

$$P_t = \alpha_0 + \beta_1 \times BVE_t + \beta_2 \times EPSOEC_t + \beta_3 \times EPSOEC_t \times D + \beta_4 \times D + \beta_5 \times SIZE_t + \varepsilon_t \quad \text{（模型 6-3）}$$

$$P_t = \alpha_0 + \beta_1 \times BVE_t + \beta_2 \times EPSTAX_t + \beta_3 \times EPSTAX_t \times D + \beta_4 \times D + \beta_5 \times SIZE_t + \varepsilon_t \quad \text{（模型 6-4）}$$

$$P_t = \alpha_0 + \beta_1 \times BVE_t + \beta_2 \times EPSOTHE_t + \beta_3 \times EPSOTHE_t \times D + \beta_4 \times D + \beta_5 \times SIZE_t + \varepsilon_t \quad \text{（模型 6-5）}$$

$$P_t = \alpha_0 + \beta_1 \times BVE_t + \beta_2 \times EPSSC_t + \beta_3 \times EPSSC_t \times D + \beta_4 \times D + \beta_5 \times SIZE_t + \varepsilon_t \quad \text{（模型 6-6）}$$

$$P_t = \alpha_0 + \beta_1 \times BVE_t + \beta_2 \times EPSOE_t + \beta_3 \times EPSOE_t \times D + \beta_4 \times D + \beta_5 \times SIZE_t + \varepsilon_t \quad \text{（模型 6-7）}$$

$$P_t = \alpha_0 + \beta_1 \times BVE_t + \beta_2 \times EPSCFH_t + \beta_3 \times EPSCFH_t \times D + \beta_4 \times D + \beta_5 \times SIZE_t + \varepsilon_t \quad \text{（模型 6-8）}$$

$$P_t = \alpha_0 + \beta_1 \times BVE_t + \beta_2 \times EPSFCX_t + \beta_3 \times EPSFCX_t \times D + \beta_4 \times D + \beta_5 \times SIZE_t + \varepsilon_t \quad \text{（模型 6-9）}$$

$$P_t = \alpha_0 + \beta_1 \times BVE_t + \beta_2 \times EPSOTH_t + \beta_3 \times EPSOTH_t \times D + \beta_4 \times D + \beta_5 \times SIZE_t + \varepsilon_t \quad \text{（模型 6-10）}$$

以上模型中，D 为虚拟变量，模型 6－2 至 6－5 适用于在所有者权益变动表中构建的综合收益组合项目，这些项目分别是 ESPSEC，EPSOEC，EPSTAX 和 EPSOTHE，模型 6－6 至模型 6－10 适用于在利润表中构建的综合收益组合项目，这些项目分别是 EPSSC，EPSOE，EPSCFH，EPSFCX，EPSOTH，具体变量描述见表 4－1。以上回归模型中，除包含收益组合项目外，还包括各收益组合项目与虚拟变量 D 的交叉项。对于模型 6－2 至 6－5，当分析师人数大于等于中位数 1 时，D 取 1，否则 D 为 0，对于模型 6－6 至 6－10，当分析师人数大于等于中位数 4 时，D 取 1，否则 D 为 0。模型 6－2 至 6－10 的回归结果见表 6－6。

表 6-6　分析师中位数作为虚拟变量的综合收益组合项目价值相关性检验

变量	模型6-2	模型6-3	模型6-4	模型6-5	模型6-6	模型6-7	模型6-8	模型6-9	模型6-10
BVE	0.717***	0.365***	0.444***	0.545***	0.561***	0.384***	0.384***	0.362***	0.378***
	(5.252)	(2.644)	(3.208)	(3.935)	(5.574)	(3.986)	(3.970)	(3.763)	(3.900)
EPSSEC	2.670***								
	(3.647)								
EPSSEC×D	6.352***								
	(7.378)								
EPSOEC		5.791***							
		(5.456)							
EPSOEC×D		6.132***							
		(5.258)							
EPSTAX			5.520***						
			(5.091)						
EPSTAX×D			5.998***						
			(5.019)						
EPSOTHE				4.921***					
				(4.810)					
EPSOTHE×D				5.870***					
				(5.141)					
EPSSC					1.473***				
					(3.324)				
EPSSC×D					5.785***				
					(9.906)				
EPSOE						5.604***			
						(7.228)			

续表

变量	模型 6 – 2	模型 6 – 3	模型 6 – 4	模型 6 – 5	模型 6 – 6	模型 6 – 7	模型 6 – 8	模型 6 – 9	模型 6 – 10
EPSOE × D						3. 224 ***			
						(3. 822)			
EPSCFH							5. 765 ***		
							(7. 223)		
EPSCFH × D							3. 019 ***		
							(3. 507)		
EPSFCX								5. 874 ***	
								(7. 427)	
EPSFCX × D								3. 118 ***	
								(3. 644)	
EPSOTH									5. 761 ***
									(7. 276)
EPSOTH × D									3. 065 ***
									(3. 579)
D	2. 365 ***	1. 642 ***	1. 623 ***	1. 955 ***	3. 169 ***	3. 396 ***	3. 438 ***	3. 386 ***	3. 414 ***
	(5. 064)	(3. 481)	(3. 424)	(4. 172)	(6. 619)	(7. 115)	(7. 202)	(7. 122)	(7. 142)
SIZE	–1. 573 ***	–1. 616 ***	–1. 611 ***	–1. 592 ***	–3. 365 ***	–3. 388 ***	–3. 378 ***	–3. 388 ***	–3. 380 ***
	(–6. 645)	(–7. 011)	(–6. 930)	(–6. 779)	(–18. 90)	(–19. 56)	(–19. 48)	(–19. 62)	(–19. 49)
常数项	26. 35 ***	27. 51 ***	27. 32 ***	26. 93 ***	52. 27 ***	52. 42 ***	52. 29 ***	52. 46 ***	52. 33 ***
	(8. 708)	(9. 317)	(9. 173)	(8. 955)	(22. 75)	(23. 41)	(23. 32)	(23. 49)	(23. 33)
样本	1 400	1 400	1 400	1 400	1 403	1 403	1 403	1 403	1 403
R^2	0. 365	0. 399	0. 388	0. 376	0. 463	0. 492	0. 491	0. 495	0. 491

注：括号中为 t 值，***、**、* 分别表示在 1%、5%、10% 水平下显著。

表6-6报告2007—2008年以及2009—2010年综合收益组合项目价值相关性模型中，加入以分析师追踪人数作为虚拟变量以及综合收益组合项目与这一虚拟变量的交叉项的回归结果。结果显示，在综合收益报告的这两个不同区间，各项综合收益组合项目都与股票价格显著正相关，显著性水平为0.01。此外，在这两个阶段，各项综合收益组合项目与虚拟变量D构建的交叉项系数都为正，且都在0.01水平下显著，这说明，不论是在所有者权益变动表还是在利润表中，对公司做出盈利预测的证券分析师追踪人数越多，综合收益组合项目的价值相关性越高。

表6-3、表6-4、表6-5以及表6-6的结果验证本章的假设1，即当信息不对称程度较低时，综合收益以及综合收益组合项目具有更高的价值相关性。

6.4.2 按分析师中位数分组的其他综合收益增量价值相关性

表6-7-a和表6-7-b报告了2007—2010年这两个综合收益报告区间总样本以及按分析师中位数分组的其他综合收益增量价值相关性检验结果。

表6-7-a 按分析师中位数分组回归结果（2007—2008年）

	总样本		分析师≥1		分析师<1	
变量	模型4-1	模型5-2	模型4-1	模型5-2	模型4-1	模型5-2
BVE	0.625***	0.599***	0.366*	0.326*	0.447***	0.404***
	(4.544)	(4.346)	(1.844)	(1.647)	(3.035)	(2.681)
EPS	11.10***	11.18***	11.88***	11.95***	5.763***	5.801***
	(19.52)	(19.61)	(15.24)	(15.27)	(8.276)	(8.314)
SEC		1.284		2.776		1.466
		(1.009)		(1.331)		(1.356)
OEC		8.042**		14.19**		3.650
		(2.365)		(2.542)		(1.282)
TAX		2.914		3.396		4.770
		(0.446)		(0.317)		(0.869)
OTHE		-0.230		0.333		0.259
		(-0.150)		(0.161)		(0.148)

续表

变量	总样本		分析师≥1		分析师<1	
	模型4-1	模型5-2	模型4-1	模型5-2	模型4-1	模型5-2
SIZE	-1.237***	-1.225***	-1.632***	-1.623***	-1.561***	-1.580***
	(-5.401)	(-5.353)	(-5.336)	(-5.325)	(-5.094)	(-5.140)
常数项	22.82***	22.70***	29.41***	29.45***	26.65***	26.95***
	(7.719)	(7.686)	(7.247)	(7.281)	(6.838)	(6.889)
样本	1, 400	1, 400	874	874	526	526
R^2	0.368	0.371	0.340	0.348	0.217	0.223
VuongZ		-1.352 4		-1.718 1*		-0.857 4

注：括号中为t值，***、**、*分别表示在1%、5%、10%水平下显著。

表6-7-b 按分析师中位数分组回归结果（2009—2010年）

变量	总样本		分析师>=4		分析师<4	
	模型4-1	模型5-3	模型4-1	模型5-3	模型4-1	模型5-3
BVE	0.486***	0.532***	0.230	0.227	0.600***	0.673***
	(4.864)	(5.161)	(1.638)	(1.605)	(4.852)	(4.969)
EPS	9.313***	9.199***	9.378***	9.403***	5.198***	5.040***
	(19.52)	(19.07)	(14.16)	(14.14)	(7.721)	(7.379)
SC		-0.593		0.904		-0.482
		(-1.221)		(0.714)		(-1.131)
OE		-2.965		-5.437		-0.0146
		(-0.684)		(-0.445)		(-0.00409)
CFH		-3.298		-4.951		-5.655
		(-0.663)		(-0.780)		(-0.757)
FCX		34.87***		48.78***		15.10
		(3.481)		(3.479)		(1.228)
OTH		-2.431		-7.872		0.605
		(-0.501)		(-1.051)		(0.116)
SIZE	-2.758***	-2.782***	-3.333***	-3.360***	-3.529***	-3.501***
	(-16.26)	(-16.42)	(-14.89)	(-15.05)	(-11.87)	(-11.71)
常数项	45.05***	45.28***	55.51***	55.91***	53.66***	53.13***
	(20.25)	(20.39)	(18.10)	(18.30)	(14.02)	(13.78)

续表

变量	总样本		分析师 > =4		分析师 <4	
	模型4－1	模型5－3	模型4－1	模型5－3	模型4－1	模型5－3
样本量	1，403	1，403	762	762	641	641
R^2	0.449	0.455	0.467	0.477	0.332	0.336
VuongZ		－2.216 0**		－2.390 8**		－1.090 1

注：括号中为t值，***、**、*分别表示在1%、5%、10%水平下显著。

表6－7－a为2007—2008年回归结果，按照总样本和子样本划分，分别报告以每股收益为自变量的基准模型以及其他综合收益分解模型回归结果，对总样本回归时，其他综合收益中“权益法下被投资单位其他所有者权益变动的影响”具有对股票价格的显著解释力，回归系数为8.042，在0.05水平下显著，除此之外，其他各项其他综合收益项目与股票价格的回归系数均不显著。回归模型R^2为0.371，与每股收益为基准的模型回归R^2（0.368）相比，VuongZ值为－1.3524，不具有显著性，说明其他综合收益各项目分解的模型对股票价格不具有显著增量解释能力。子样本回归中，当分析师人数大于等于1时，回归模型R^2（0.348）显著高于分析师人数小于1的回归模型R^2（0.223），说明当信息不对称程度较低时，模型拟合度更高，其他综合收益分解的模型对股票价格具有更高的解释力。当信息不对称程度较低时，其他综合收益中“权益法下被投资单位其他所有者权益变动的影响”具有对股票价格的显著解释力，回归系数为14.19，在0.05水平下显著，此外，回归模型R^2为0.348，与每股收益为基准的模型回归R^2（0.340）相比，VuongZ值为－1.7181，显著性水平为0.01，说明其他综合收益各项目分解的模型对股票价格具有显著的增量解释能力。而当信息不对称程度较高时，其他综合收益各项目与股票价格的回归系数均不显著，说明这些信息都不具有对股票价格的增量解释力。此外，回归模型R^2为0.223，与每股收益为基准的模型回归R^2（0.217）相比，VuongZ值为－0.8574，不具有显著差异，说明其他综合收益各项目分解的模型整体对股票价格不具有显著增量解释能力。从总样本和两组子样本回归结果可知，总样本中的“权益法下被投资单位其他所有者权益变动的影响”对股价的显著增量解释力是由信息不对称较低的子样本带来的，在信息不对称较低时，其他综合收益分解的模型才具有对股票价格的显著增量解释力。

表6－7－b报告2009—2010年回归结果，在对全部样本回归时，以每股收益为变量的模型 R^2 为0.449，其他综合收益分项目回归模型 R^2 为0.455，VuongZ值－2.2160，在0.05水平下显著，说明其他综合收益分解项目的模型对股票价格具有显著的增量解释能力。分项目看，其他综合收益项目“外币报表折算差额”与股票价格的相关系数为34.87，显著性水平为0.01，说明“外币报表折算差额”对股票价格具有显著增量解释力，投资者在决策时关注这一项目。子样本为按照做出盈利预测的证券分析师人数中位数分组的结果，结果显示，在信息不对称程度较低时（证券分析师人数大于等于4时），其他综合收益分解项目的回归模型 R^2（0.477）显著大于信息不对称程度高的回归模型 R^2（0.336），说明信息不对称程度低时，其他综合收益分解模型对股票价格的拟合度更高。当公司与投资者之间信息不对称程度较低时，其他综合收益分解模型 R^2 为0.477，与每股收益为基准的模型 R^2（0.467）相比，VuongZ值为－2.3908，在0.05水平下显著，说明其他综合收益分解的模型显著增加对股票价格的解释力，具体分析，其他综合收益项目“外币报表折算差额”与股票价格回归系数为48.78，在0.01水平下显著。然而，在信息不对称程度较高的子样本中，其他综合收益分解项目的回归模型 R^2 为0.336，尽管高于以每股收益为基准的模型 R^2（0.332），然而Vuong检验结果显示VuongZ值为－1.0901，不具有显著性，说明，在信息不对称程度较高时，其他综合收益分解项目并未显著增加对股票价格的解释力，且其他综合收益各项目与股票价格的回归系数亦不具有显著性，说明投资者在决策时没有关注这些项目。从以上回归结果可知，总样本中外币报表折算差额对股价的显著正相关以及其他综合收益对股价显著增加的解释力 R^2 是由信息不对称程度较低的子样本引起的，在信息不对称程度较高的子样本中，并未发现其他综合收益具有显著增量价值相关性。

表6－7－a和表6－7－b的结果验证本章假设2，即公司与投资者的信息不对称程度越低，其他综合收益信息的增量价值相关性更高。具体来看，当信息不对称程度较低时，其他综合收益个别项目与股票价格显著正相关，分解模型对股票价格的整体解释力显著提高，而当信息不对称程度较高时，其他综合收益各项目均不具有对股票价格的显著解释力，模型整体的解释力没有显著提高。通过比较，本书发现，总样本中其他综合收益项目显著的增量价值相关性以及模型整体解释力的提高是由信息不对称程度较低的子样本引

起的，不论其他综合收益信息是在所有者权益变动表中披露还是在利润表附注中报告，信息环境都是影响其他综合收益增量价值相关性的重要影响因素，分区间检验保证本书结果的稳健性。

6.4.3 按分析师中位数分组的累计其他综合收益增量价值相关性

从表6-8可知，在总样本回归模型中，每股净资产、每股收益、公司规模以及常数项与股票价格存在显著相关关系，除此以外，其他综合收益中仅累计所有者权益项目与股票价格显著正相关，相关系数为11.19，在0.05水平下显著，说明累计所有者权益项目对股票价格有增量解释力。同每股收益为自变量的基准模型相比，累计其他综合收益分解模型 VuongZ 值为-0.7614，不具有显著差异。

表6-8 按分析师中位数分组的累计其他综合收益增量价值相关性

变量	总样本		分析师人数≥2		分析师人数<2	
	模型4-1	模型5-4	模型4-1	模型5-4	模型4-1	模型5-4
BVE	0.847***	0.838***	1.184***	1.177***	0.356***	0.344***
	(8.819)	(8.736)	(6.843)	(6.857)	(4.406)	(4.250)
EPS	5.730***	5.731***	4.661***	4.608***	3.213***	3.322***
	(15.29)	(15.23)	(8.359)	(8.344)	(6.067)	(6.202)
LJSEC		-0.152		-1.697		0.813
		(-0.108)		(-0.782)		(0.558)
LJOEC		11.19**		26.85***		0.667
		(2.361)		(3.351)		(0.165)
LJTAX		-1.082		-0.233		-4.168
		(-0.274)		(-0.0455)		(-0.816)
LJOTHE		-1.087		-1.384		0.429
		(-1.453)		(-1.342)		(0.521)
SIZE	-1.202***	-1.221***	-1.635***	-1.668***	-1.877***	-1.868***
	(-5.071)	(-5.162)	(-4.872)	(-5.032)	(-6.439)	(-6.384)
常数项	21.50***	21.68***	27.17***	27.52***	30.25***	30.16***
	(6.995)	(7.068)	(6.094)	(6.249)	(8.131)	(8.079)

续表

变量	总样本		分析师人数≥2		分析师人数<2	
	模型4-1	模型5-4	模型4-1	模型5-4	模型4-1	模型5-4
样本量	679	679	383	383	296	296
R^2	0.484	0.490	0.481	0.500	0.283	0.293
VuongZ		-0.761 4		-0.922 3		-0.929 0

注：括号中为t值，***、**、*分别表示在1%、5%、10%水平下显著。

子样本为按照做出盈利预测的证券分析师人数中位数分组的结果，结果显示，在信息不对称程度较低时（证券分析师人数大于等于2时），其他综合收益分解项目的回归模型 R^2（0.50）显著大于信息不对称程度较高（证券分析师人数小于2）的回归模型 R^2（0.293），说明信息不对称程度较低时，其他综合收益分解模型对股票价格的拟合度更高。

当信息不对称程度较低时，其他综合收益中累计所有者权益项目与股票价格显著正相关，相关系数为26.85，在0.01水平下显著，然而在信息不对称程度较高的子样本中，其他综合收益各项目与股票价格均不存在显著相关关系，这表明，总样本中累计所有者权益项目的增量价值相关性是由信息不对称程度较低的子样本引起的。比较两组子样本的VuongZ值，当信息不对称程度较低时，VuongZ值为-0.9223，说明尽管累计其他综合收益具有增量价值相关性，但是其他综合收益分解模型并未显著增加对股票价格的解释力，造成这一结果的可能是，尽管累计所有者权益变动与股票价格显著正相关，但是由于模型中其他变量与股票价格的关联较低，造成其他综合收益分解模型整体解释力没有显著提高。而当信息不对称程度较高时，VuongZ值为-0.9290，与每股收益模型相比，两者差异不显著。两组子样本的Vuong检验结果显示，不论信息不对称程度是否存在差异，其他综合收益分解的模型均未显著提高对股票价格的解释力。

表6-8的结果表明，当公司与投资者的信息不对称程度较低时，累计的“权益法下被投资单位其他所有者权益变动的影响”这一项目与股票价格显著正相关，而当信息不对称程度较高时，其他综合收益各累计项目都与股票价格没有显著关联。这说明，总样本中这一项目的增量价值相关性是由信息不对称程度较低的子样本引起的。然而，对于信息不对称程度较低还是较高的

子样本，与每股收益模型相比，累计其他综合收益分解模型的 VuongZ 值为负但不显著，说明累计其他综合收益分解项目对股票价格整体解释力并未显著增加。造成这一结果的可能原因是，除累计的“权益法下被投资单位其他所有者权益变动的影响”这一项目外，模型中其他变量对股票价格的解释力较低，导致模型整体解释力并未显著提高。以上结果部分验证本书假设 3，即公司与投资者的信息不对称程度越低，累计其他综合收益项目的增量价值相关性更显著，但是与每股收益为基准的模型相比，累计其他综合收益分解模型对股票价格的解释力没有显著提高。

6.4.4 稳健性检验

本书在以下两方面进行稳健性检验：

（1）按照对公司做出盈利预测的分析师人数的平均值对样本进行分组。

（2）选择未经调整的股票价格作为因变量。

正文部分本章按照对公司做出盈利预测的证券分析师人数的中位数对全部样本分组，稳健性检验中以对公司做出盈利预测的分析师人数的平均值（2007—2008 年均值为 4，2009—2010 年均值为 7）对样本进行分组，将全部样本划分成信息不对称程度较高和信息不对称程度较低的子样本。研究发现对于综合收益报告的两个不同区间，信息不对称程度较低的子样本综合收益回归系数都高于信息不对称程度较高的子样本，针对组间系数差异的卡方值分别为 32.24（2007—2008 年）和 32.09（2009—2010 年），均在 0.01 水平下显著。

对于其他综合收益各项目的增量价值相关性检验，在 2007—2008 年，对信息不对称程度较低的子样本回归，结果显示“权益法下被投资单位其他所有者权益变动的影响”与股票价格显著正相关，回归系数为 17.77，在 0.05 水平下显著，对于信息不对称程度较高的子样本回归，结果显示其他综合收益各项目均不存在与股票价格的显著相关关系。2009—2010 年回归结果表明，在信息不对称程度较低的子样本中，“外币报表折算差额”与股票价格显著正相关，回归系数 41.26，在 0.01 水平下显著，在信息不对称较高的子样本中，“外币报表折算差额”与股票价格的回归系数为 29.39，在 0.05 水平下显著，说明在信息不对称程度较低的子样本中，“外币报表折算差额”对股票价格具有更加显著的解释力。以变量每股收益作为基准模型，对于信息不对称程度较低的子样本，其他综合收益分解模型与基准模型比较得出的 VuongZ 值为 -2.21，在0.05 水平下显著，对于信息不对称较高的子样本，其他综合收益分解模型与基准模型比较得出的 VuongZ 值为 -1.34，不具有显著性，说明在信息不对称程度较低的子样本中，其他综合收益分解项目对股票价格整体解释力更高。综上，按照做出盈利预测的证券分析师人数的均值分组与按照证券分析师人数中位数分组的回归结果基本一致。

正文部分报告使用次年 4 月底经过复权调整的股票价格进行回归的结果，稳健性检验中使用未经过复权调整的次年 4 月底股票价格回归，回归结果基本一致。

6.5 本章小结

本章检验信息环境对综合收益价值相关性的影响。按照对公司做出盈利预测的分析师人数中位数划分，将全部样本划分为信息不对称程度较低以及信息不对称程度较高的两组子样本，本章得到以下主要结论：

（1）不论是在所有者权益变动表还是在利润表中，对于公司与投资者之间信息不对称程度较低的公司，综合收益以及综合收益组合项目与股票价格的回归系数都显著高于信息不对称程度较高的公司。组间回归系数比较得出的卡方值以及在模型中加入分析师人数虚拟变量的方法都证实这一点。

（2）按分析师中位数分组的其他综合收益增量价值相关性检验结果表明，在信息不对称程度较低时，在所有者权益变动表中披露的“权益法下被投资单位其他所有者权益变动的影响”以及在利润表中披露的“外币报表折算差额”项目与股票价格显著相关，而在信息不对称程度较高的子样本其他综合收益各项目与股票价格均不具有显著相关关系。不论是在所有者权益变动表还是在利润表中披露其他综合收益，在信息不对称程度较低时，其他综合收益分解模型对股价都具有显著更高的解释力，而在信息不对称程度较高时，其他综合收益分解模型对股价的解释力没有显著提高。

通过与总样本回归结果比较，本书发现，总样本中个别其他综合收益项目显著的增量价值相关性以及模型整体解释力的提高是由信息不对称程度较低的子样本引起的，不论其他综合收益信息是在所有者权益变动表中披露还是在利润表附注中报告，信息环境都是影响其他综合收益增量价值相关性的重要影响因素，公司与投资者的信息不对称程度越低，其他综合收益信息的增量价值相关性更高，其他综合收益分解项目对股票价格整体解释力更高。

（3）按分析师中位数分组的其他综合收益累计数增量价值相关性检验结果表明，当信息不对称程度较低时，其他综合收益中“权益法下被投资单位其他所有者权益变动的影响”项目与股票价格显著正相关，然而在信息不对称程度较高的子样本中，其他综合收益各项目与股票价格均不存在显著相关关系。两组子样本的 Vuong 检验结果显示，不论信息不对称程度是否存在差异，VuongZ 值均不具有显著性，说明累计其他综合收益分解项目对股票价格整体解释力并未显著增加。对累计其他综合收益价值相关性检验结果表明，总样本中累计“权益法下被投资单位其他所有者权益变动的影响”项目的增量价值相关性是由信息不对称程度较低的子样本引起的。

本章结果说明，信息环境影响综合收益及其组成部分的价值相关性，在信息不对称程度较低的环境中，投资者信息收集和处理成本较低，综合收益以及其他综合收益为投资者带来更加有用的信息，导致综合收益及其他综合收益与股价的相关性提高，而在信息不对称程度较高的环境中，投资者处于信息劣势，综合收益信息的解析成本很高，披露这些信息对投资者定价决策影响较小，导致综合收益以及其他综合收益与股价的相关性较低。

7

研究结论与政策建议

7.1 研究结论

本书以新会计准则国际趋同为背景，使用2007—2010年报告有综合收益（其他综合收益项目至少一项不为零）信息的上市公司样本数据，并按照我国上市公司报告综合收益的两个阶段，将全部样本划分为2007年和2008年非正式披露综合收益以及2009年和2010年正式披露综合收益两个报告区间，检验综合收益以及其他综合收益的价值相关性。本书的主要结论如下：

（1）综合收益信息具有价值相关性，但是，不论是在所有者权益变动表还是在利润表中披露的综合收益，其价值相关性都显著低于净利润，说明投资者更加关注传统的已实现的利润。造成这一结果的可能原因是，综合收益中包含大量未实现损益，这些项目从总体上加大了综合收益的波动性，导致其可靠性降低，进而与股价的相关性较低。

通过比较综合收益与股价的相关系数，本书发现，同在所有者权益变动表中非正式披露的综合收益相比，在利润表中正式披露的综合收益与股票价格的相关性反而更低，组间系数差异检验的卡方值报告结果与在模型中加入虚拟变量的方法都证实，在所有者权益变动表中报告的综合收益与股价具有显著更高的价值相关性。这一结果与本书的假设不一致，在利润表中清晰披露的综合收益的有用性并未提升。造成这一结果的可能原因是，不具备专业知识的投资者很难理解综合收益代表的经济含义，在利润表中清晰披露综合收益信息反而使报表使用者意识到，同传统的净利润信息相比，综合收益具有更大的波动性和不确定性，导致综合收益与股价的相关性降低。

本书检验综合收益组合项目（每股收益与其他综合收益单个项目之和）与每股收益的相对价值相关性。研究发现，当其他综合收益在所有者权益变动表中报告时，同每股收益相比，每股收益与“权益法下被投资单位其他所有者权益变动的影响”之和项目同股价的相关性不存在显著差异，除此项目外，每股收益比其他的综合收益组合具有显著更高的价值相关性。当其他综合收益在利润表中报告时，每股收益与“外币报表折算差额”之和具有比每股收益显著更高的价值相关性，除此项目外，每股收益比其他的综合收益组合具有显著更高的价值相关性。这说明，尽管综合收益作为收益汇总，总体上价值相关性较低，但是，其包含的部分其他综合收益项目是有用的，投资者可以利用这些其他综合收益项目与净利润构建收益组合，进而做出价值判断。

分行业检验结果表明，部分行业综合收益以及综合收益组合项目对股价的解释力存在差异，这表明，总样本结果是由部分行业引起的。分行业检验有助于理解总样本回归结果，并获知行业业绩计量的最佳指标。

（2）对于其他综合收益增量价值相关性的检验表明，部分其他综合收益组成项目具有对股价的增量解释力；与在所有者权益变动表中相比，当其他综合收益信息在利润表附注中披露时，其他综合收益分解模型具有对股价显著更高的解释力；累计“被投资单位所有者权益变动的影响”这一项目具有显著的增量价值相关性。

当其他综合收益在所有者权益变动表中披露时，“被投资单位所有者权益变动的影响”与股价显著正相关，表明这一项目具有增量的价值相关性，除此项目外的其他综合收益组成项目与股价没有显著相关关系。当其他综合收益在利润表中披露时，“外币报表折算差额”与股价显著正相关，除此项目外的其他综合收益组成项目与股价不存在显著相关关系。不论是在所有者权益变动表中还是在利润表中，其他综合收益合计项目都不具有对股票价格的显著增量解释力。这一结果说明，其他综合收益部分组成项目具有对股价的增量解释力，而其他项目则构成噪音，导致总体上其他综合收益合计项目与股价的相关性较低。以上结果表明，其他综合收益项目是否有用取决于投资者对这些项目的理解以及在估值时赋予他们的权重。

当其他综合收益信息在所有者权益变动表中披露时，其他综合收益组成项目分解模型并未显著提升对股票价格的解释力，而当其他综合收益信息在利润表中披露时，其他综合收益组成项目分解模型对股价的解释力显著提高。这反映出，当其他综合收益披露的内容更加合理，披露的位置更加清晰时，其他综合收益项目对股价的整体解释力更高。

本书对在所有者权益变动表中披露的累计其他综合收益项目的价值相关性进行检验，发现累计“被投资单位所有者权益变动的影响”这一项目具有显著的增量价值相关性，除此以外其他的累计其他综合收益项目与股价不存在显著相关关系，这一结果可以解释为何累计其他综合收益合计对股价亦不具有显著增量解释能力。本书认为，当期其他综合收益仅反映部分项目当期公允价值变动，累计其他综合收益项目则揭示相关资产和负债价值变动对未来收益的全部影响。累计其他综合收益项目具有经济含义，有助于投资者预测未来收益，实证检验结果证实个别累计其他综合收益项目具有估值有用性，投资者可以利用这一信息进行价值判断。

（3）本书以对公司做出盈利预测的证券分析师人数作为上市公司信息不对称程度的衡量，分别按照综合收益的两个报告区间，将全部样本分为信息不对称程度较低和信息不对称程度较高的子样本，检验信息环境差异对综合收益价值相关性的影响，本书发现：

不论是在所有者权益变动表还是在利润表中，当信息不对称程度较低时，综合收益以及每股收益与其他综合收益之和组成的收益组合项目与股价的相关系数都显著高于信息不对称程度较高的公司，组间回归系数比较得出的卡方值以及在模型中加入分析师人数虚拟变量的方法都证实此结论。

当其他综合收益在所有者权益变动表中披露时，在信息不对称程度较低的子样本中，其他综合收益项目“权益法下被投资单位其他所有者权益变动的影响”具有对股票价格的显著解释力，同净利润相比，其他综合收益分解模型具有显著更高的解释力。在信息不对称程度较高的子样本中，其他综合收益各项目与股票价格均不具有显著相关关系，同净利润相比，其他综合收益分解模型没有显著增加对股票价格的解释力。总样本中“权益法下被投资单位其他所有者权益变动的影响”项目显著的增量价值相关性是由信息不对称程度低的子样本引起的。

当其他综合收益在利润表中披露时，在信息不对称程度较低的子样本中，其他综合收益项目“外币报表折算差额”与股票价格显著正相关，同净利润相比，其他综合收益分解模型具有显著更高的解释力。在信息不对称程度较高的子样本中，其他综合收益各项目与股票价格的回归系数都不具有显著性，同净利润相比，其他综合收益分解模型没有显著增加对股票价格的解释力。总样本中“外币报表折算差额”项目显著的增量价值相关性以及模型整体解释力的提高是由信息不对称程度低的子样本引起的。

对其他综合收益的增量价值相关性检验说明，当信息不对称程度较高时，不论在哪个报表披露其他综合收益，其他综合收益各项目均不具有与股价的显著相关关系，其他综合收益分解模型亦不具有对股价的显著增量解释力。仅当信息不对称程度较低时，其他综合收益个别项目才具有显著的增量价值相关性，其他综合分解模型亦才具有对股价显著的增量解释力。这说明，降低上市公司与投资者之间的信息不对称是提升综合收益的价值相关性的一个重要途径。

当信息不对称程度较低时，累计“权益法下被投资单位其他所有者权益变动的影响”与股票价格显著正相关。当信息不对称程度较高时，累计其他综合收益各项目与股票价格均不存在显著相关关系。对累计其他综合收益价值相关性检验结果表明，总样本中累计“权益法下被投资单位其他所有者权益变动的影响”与股价的显著相关性是由信息不对称程度较低的子样本引起的。

(4) 综上，通过对依循中国新会计准则的上市公司综合收益的价值相关性进行检验，本书的研究结果可以用来回答最初提出的问题，即，根据新会计准则披露的这一信息能否提高会计信息有用性？在何种情况下披露这一信息有用？如何提高综合收益报告的有用性？在更深意义上看，我国会计准则国际趋同效果如何？我国该如何应对未来的持续趋同问题？本书认为：

第一，从会计准则国际趋同的效果看，我国上市公司报告的综合收益信息有用性还有待提升。作为与国际财务报告准则趋同的一个内容，以公允价值计量的业绩并不具有比传统的净利润信息更高的有用性。综合收益较低的价值相关性可能是由于其未能反映全部资产和负债的公允价值变动，部分项目的公允价值确定存在不确定性，导致综合收益波动性较高，可靠性降低，进而具有相对较低的价值相关性。

第二，尽管综合收益的估值有用性较低，但是单独披露其他综合收益组成部分的信息是有用的。其他综合收益的组成项目应单独予以诠释。投资者会关注对他们有用的其他综合收益信息进而做出估值决策。新会计准则对其他综合收益组成项目的披露要求是恰当的。

第三，按照《企业会计准则解释第3号》在利润表附注中正式披露的其他综合收益的有用性显著高于在所有者权益变动表中非正式披露的其他综合收益，说明财政部对其他综合收益信息列报进行规范具有成效。个别的累计其他综合收益项目具有估值有用性，然而，目前我国缺乏对累计其他综合收益项目的报告。

第四，信息环境是影响综合收益相对和增量价值相关性的重要因素。我国作为一个新兴市场，存在大量的散户投资者，市场成熟度不高。仅仅依赖会计制度对综合收益报告进行规范，并不能确保综合收益有用性得到提升。

降低上市公司与投资者之间的信息不对称，使投资者真正理解综合收益及其组成部分的内涵才是提升综合收益的有用性的一个重要途径。

7.2 政策建议

本书使用规范研究和实证研究方法，对新会计准则下综合收益价值相关性进行研究，通过总结研究中发现的问题，本书提出以下五点政策建议：

（1）对我国会计准则与国际财务报告准则持续趋同的建议。综合收益信息披露是我国会计准则国际趋同的一个产物，本书对综合收益价值相关性的检验结果表明，综合收益的部分组成项目具有增量价值相关性，但综合收益信息作为一个整体的业绩指标，并不具有比传统的净利润更高的价值相关性，对投资者而言，净利润仍然是他们关注的业绩计量指标。造成这一结果的可能原因是，投资者会关注对他们有用的其他综合收益信息，并利用这些信息作出投资决策，然而，除部分有用的其他综合收益信息以外，综合收益中包含的大量未实现损益会加剧综合收益的波动，为业绩计量带来噪音。亦有可能是综合收益中未实现损益是公允价值计量的结果，由于公允价值的取得和确定存在着不确定性，导致综合收益的可靠性降低，进而降低其与股价的关联。

不论基于何种原因，本书的研究结果都说明，外生的适合成熟资本市场的规则并不一定完全适合我国的实际情况。必须意识到，在我国会计准则与国际财务报告准则持续趋同的过程中，盲目追从国际财务报告准则的任何调整并不一定能达到预期的效果。在借鉴国际财务报告准则时，对于国际财务报告准则作出的任何调整，应该在有利于我国实际情况的前提下才进行。此外，在持续趋同的过程中，应当考虑我国资本市场的特点以及企业的实际情况，对拟进行的改革进行成本和收益分析，并根据我国的实际经验，向国际会计准则理事会提出相应的建议，使国际会计准则理事会修订国际财务报告准则时充分考虑我国这一新兴市场国家的实际情况。

（2）对在利润表或一个综合收益表中报告其他综合收益组成项目的建议。本书认为，在一个连续的报表中报告其他综合收益组成项目的信息，可以提高其他综合收益信息的透明度，更利于投资者作出价值判断。目前，我国上市公司在利润表中，报告其他综合收益合计以及综合收益合计数，其他综合收益明细项目在利润表附中披露。

本书发现，与在所有者权益变动表中非正式披露的其他综合收益信息相比，在利润表附注中正式披露的其他综合收益对股票价格的整体解释力更高，这说明，我国财政部对其他综合收益信息披露进行规范已取得成效。当其他综合收益信息在所有者权益变动表中披露时，其他综合收益作为资本公积项目，与股本变动、其他资本公积项目、盈余公积和未分配利润等一同列报，其他综合收益仅报告当期发生的价值变动净值，不列报其他综合收益转入损益的金额，且其他综合收益按照税前影响报告，与其有关的所得税影响全部汇总在所得税影响这一项目中。这种披露方式不利于投资者判断其他综合收益对未来损益的影响，并增加其他综合收益信息的提取和分析成本。而当其他综合收益信息在财务报表附注中披露时，其他综合收益报告每一个项目当期价值变动以及前期计入其他综合收益当期转入损益的金额，按照扣除所得税影响的净值报告。显而易见，这种披露方式更加清晰，更易于投资者解读其他综合收益信息。

本书对在所有者权益变动表和利润表附注中其他综合收益的增量价值相关性检验表明，当其他综合收益信息清晰披露时，其对股票价格的解释力显著更高。本书的这一结果与 IASB 在 2010 年 5 月征求意见稿《其他综合收益项目的列报（对 IAS 1 的建议修订）》中对提高其他综合收益信息透明度的关注相呼应。在此征求意见稿中，IASB 建议，在一份连续的报表中分别报告损益和其他综合收益，而这种做法的初衷是“使其他综合收益所包括的项目具有完全的透明度”。本书认为，在利润表或一个综合收益表中报告其他综合收益信息的做法是可行的，因为在一份连续的报表中分别报告损益和其他综合收益，可以保留损益的重要性，而同时亦强调未实现利得或损失的重要性，在一份连续的报表中报告其他综合收益可以提高其他综合收益信息的透明度，更利于投资者辨识已实现损益和未实现损益的关系，亦有助于投资者利用这一信息做出价值判断。

（3）对在财务报表中披露累计其他综合收益这一信息的建议。在对其他综合收益累计数进行检验时，本书发现，累计“被投资单位所有者权益变动的影响”这一项目与股价显著正相关，说明这一项目具有对股价的增量解释力。这说明，某些其他综合收益项目累计数具有估值有用性，有必要披露其他综合收益各项目的累计数，以利于投资者利用这些信息进行价值判断。

从性质上看，其他综合收益从属于未实现的暂时性收益，当期其他综合收益仅代表与此项目有关的资产或负债的价值变动，而累计其他综合收益则代表相关资产或负债价值变动累计影响，他们是对未来收益潜在的累计影响，即一旦与此项目有关的资产或负债被全部处置，累计其他综合收益（而并非以前某个年度的其他综合收益）将全部转入实现的损益。因此，从理论上讲，累计其他综合收益更加有用。尤其是在对未来损益预测方面，只有使用累计未实现损益，才能估算出，处置相关资产或负债时，对未来损益有何影响。本书通过实证检验证明累计其他综合收益项目对股票价格具有显著的增量作用，说明披露这一信息是有用的。

从当前我国的披露要求看，仅要求企业在财务报表附注中披露其他综合收益当期发生额和上期比较金额，在所有者权益变动表中报告当期发生其他综合收益合计数，以及全体项目累计的其他综合收益合计数。这种披露形式完全掩盖其他综合收益单个组成项目累计数，财务报表使用者无法判断相关资产负债被处置时会对未来产生何种影响，甚至连其他综合收益单个组成项目产生的是累计收益还是累计损失都无从得知，这必将降低综合收益和其他综合收益的有用性。

目前，仅美国 FAS130《报告综合收益》准则要求企业在所有者权益中，对每一个其他综合收益项目都披露其累计数。本书认为，对会计信息充分和清晰的披露可以提高会计信息的有用性。基于其他综合收益的性质，若要提高其有用性，有必要对其组成项目的累计数进行披露。因此，本书建议，在财务报表中应该增加报告其他综合收益组成项目的累计数。

（4）完善上市公司信息披露环境（如积极培育证券分析师等信息中介行业），提升综合收益信息有用性。本书以对公司做出盈利预测的证券分析师追踪人数作为信息不对称程度的衡量，检验公司与投资者之间信息环境差异对综合收益的相对和增量价值相关性的影响，研究发现，在信息不对称程度较低的环境中，综合收益以及其他综合收益为投资者带来更加相关的信息，综合收益以及其他综合收益与股价的相关性更高。而在信息不对称程度较高的环境中，投资者处于信息劣势，披露这些信息对投资者定价决策影响较小，综合收益以及其他综合收益与股价相关性较低。这反映出，只有在信息环境较好时，披露综合收益才有利于投资者了解公司内在价值，并增强综合收益信息在股票定价中的效率。本书的结论说明，分析师具有重要的信息分析与传递的作用，他们的存在改变了市场对于综合收益信息的反应模式。

目前，尽管我国证券分析师行业已步入有序发展的阶段，证券分析师在普及市场知识、引导投资理念、推动市场创新等方面发挥越来越重要的作用，但是同国外一些成熟资本市场相比，我国的证券分析师市场还是相对滞后的。根据本书第6章的研究，在2007—2010年度，证券分析师跟踪人数的平均值介于4~7人之间，在2007—2008年度，没有证券分析师跟踪的公司占全部样本的37.6%之间。而美国资本市场平均每家公司分析师跟踪人数达到10个(Barth，2001)。这说明中国的证券分析师市场还亟待发展。

为促进证券分析师市场的发展，除要积极培养具有专业素质的高水平证券分析师外，还应建立分析师市场的声誉机制，加强证券分析师管理，充分发挥证券分析师在维护市场效率中的积极作用，使证券分析师能够综合其信息分析能力优势以及信息渠道资源优势，真正起到信息中介的作用。因此，当前应充分培育和发展以证券分析师为代表的信息中介，加快分析师市场的建设，完善分析师市场的监督和惩罚机制，提升资本市场的信息透明度，使股票价格能够充分反映公司未来盈利的信息，这也是完善我国资本市场建设所必需的。

(5) 完善上市公司综合收益信息披露的监管。我国上市公司综合收益报告的时间还不长，在所有者权益变动表中披露的直接计入权益的利得和损失项目与在利润表附注中披露的其他综合收益项目存在报告上的差异。在本书搜集数据时，发现一些企业没有按照披露的要求列示其他综合收益，漏填或错填综合收益合计，或多报、少报其他综合收益项目。一些企业将股份支付项目、留存收益调整项目、同一控制下企业合并增减的资本公积等不属于其他综合收益的项目列入其他综合收益，而这些项目实质上属于其他资本公积项目。一些企业在利润表中报告其他综合收益和综合收益合计，然而在财务报表附注中并没有披露其他综合收益明细项目，还有一些企业在附注中依然使用直接计入权益的利得和损失项目，也有一些企业报告的其他综合收益项目同财政部《企业会计准则解释第3号》的要求存在差异，在报告其他综合收益项目时，仍然按照在所有者权益变动表中的未扣除所得税影响的金额报告其他综合收益。这些问题反映出一些企业还没有充分理解综合收益的核算和报告要求，对年报进行审计的注册会计师对其他综合收益的理解可能亦存在较大分歧。

尽管本书在实证检验时已将上述披露不合规范或存在差错的样本予以扣除，但是本书认为，以上这些问题会降低综合收益以及其他综合收益整体的有用性。这反映出我国会计准则制定机构对引入和报告综合收益缺乏充分的监管和指导。为提升综合收益信息的有用性，有必要加强对综合收益信息披露的监管，一方面，强化上市公司会计人员以及注册会计师关于综合收益业绩报告的概念和理论的掌握，使他们充分重视这一信息披露；另一方面，为避免其他综合收益和其他资本公积项目的混淆，可以设置一个“其他综合收益”科目，单独核算这些项目。

7.3 本书特色与创新

本书的特色与创新在于以下几方面：

（1）本书按照我国上市公司综合收益报告的两个阶段，对综合收益以及其他综合收益的价值相关性进行比较系统的研究。我国现有关于综合收益信息有用性的研究多是从理论上对综合收益报告的有用性及其披露形式进行分析，少量的一些实证研究受数据收集的限制，只对 2007—2008 年我国上市公司在所有者权益变动表中披露的综合收益加以实证检验。然而，由于在所有者权益变动表中披露的综合收益尚属于非正式报告阶段，对综合收益信息披露的要求与 2009 年起正式报告阶段存在较大差异，因此，针对 2007—2008 年的研究并不能完全回答综合收益是否有用这一问题。为进行较深层次的探讨，本书手工摘取 2009 年起在利润表中报告的综合收益以及其他综合收益明细信息，并考虑到 2007—2008 年和 2009—2010 年上市公司综合收益报告的差异，将我国上市公司综合收益报告划分为两个阶段，分别检验综合收益以及其他综合收益信息的价值相关性。本书利用上市公司自 2007—2010 年披露的综合收益数据，对新会计准则下综合收益信息的价值相关性进行较为系统的研究，并分别回答在这两个不同阶段，综合收益及其他综合收益是否有用，在何种情况下有用等问题。

（2）除对按照不同披露要求下综合收益信息的价值相关性进行检验外，本书拓展现有综合收益价值相关性研究，着重考察信息披露制度变迁下综合收益及其组成部分对股价解释力的变化。在我国综合收益报告的两个阶段，综合收益以及其他综合收益在披露内容和形式上均存在差异，这为本书检验综合收益信息披露制度变迁对其价值相关性的影响提供契机。

本书不局限于回答综合收益以及其他综合收益是否有用，本书更多地回答信息披露制度变迁对我国综合收益价值相关性产生何种影响。作为一项拓展，本书验证综合收益信息披露的清晰度和列报形式对其价值相关性的影响。

（3）率先研究累计其他综合收益组成项目的价值相关性。现有国内外研究其他综合收益价值相关性的文献都是使用当期其他综合收益数据进行检验，可能的原因是除美国 FAS130 规定要在所有者权益变动表中披露其他综合收益累计数以外，其他国家和国际会计准则并未要求企业披露这一信息。因此，学者们一般使用企业在利润表中披露的当期其他综合收益开展研究。

当期其他综合收益仅代表与此项目有关的资产或负债的价值变动，而累计其他综合收益则代表相关资产或负债价值变动累计影响，他们是对未来收益潜在的累计影响，即一旦与此项目有关的资产或负债被全部处置，累计其他综合收益（而并非以前某个年度的其他综合收益）将全部转入实现的损益。本书利用上市公司披露的数据计算出个别其他综合收益项目的累计数，实证检验累计其他综合收益增量价值相关性，并发现累计“被投资单位所有者权益变动的影响”这一其他综合收益项目可以显著提升股价的解释力。根据本书的检验，本书提出披露累计其他综合收益的建议。

（4）本书从影响会计信息价值相关性的因素出发，检验信息不对称程度对综合收益价值相关性的影响。本书的这一出发点源于对综合收益信息披露要求的认识。综合收益对我国投资者来说是一个较新的概念，不具备专业知识的投资者不一定能理解其包含的大量未实现损益及其含义，其他综合收益信息披露的透明度较低亦会对解读这些信息产生影响，加之普通投资者处于信息劣势，这些因素都会带来信息不对称的问题，降低综合收益的有用性。

本书借鉴信息不对称理论、不完全反映假说以及解析成本的概念，以对公司做出盈利预测的证券分析师追踪人数作为信息不对称程度的衡量，检验信息不对称程度对综合收益价值相关性的影响：一方面，本书为研究综合收益有用性提供新的研究视角；另一方面，本书的分析为完善上市公司信息披露环境（如积极培育证券分析师行业、加强会计信息披露监管），提升会计准则改革的效果提供经验证据。

7.4 研究局限与展望

本书存在以下研究局限：

（1）本书使用价格模型进行价值相关性检验，以披露综合收益信息次年4月底的股票价格作为因变量进行测试。由于其他综合收益属于未实现的暂时性收益，其对股票价格的影响同已实现的收益可能存在不同。换言之，当期其他综合收益对股票价格也许不存在影响，但是对未来期间的股价存在影响，因此，为解决这个问题，应采用未来更长时点的股价作为因变量。然而由于我国开始披露综合收益信息的时间不长，本书无法对其进行检验。

（2）我国股市在2007—2008年存在较大波动，这对本书检验此区间的综合收益的价值相关性可能产生一定影响。

（3）我国推行综合收益报告的时间不长，一些公司综合收益信息披露不规范，致使本书用于回归的综合收益数据总体数量较少，本书的结论仅适用于样本覆盖的四年的期间，未来研究可以在收集更丰富的数据后进行检验。

（4）一些实验研究结果证实，证券分析师利用其他综合收益项目做出荐股决策。对于综合收益有用性的研究，基于心理学和行为学的实验研究方法可能会得出更加令人信服的结论。然而，受研究范围的限制，本书没能进行此方面的研究。

未来在研究综合收益有用性时，可以选用包括实验研究方法在内的多种研究方法。亦可在收集更丰富样本的基础上，延长样本检验的期间，检验综合收益信息对未来时点上股价是否存在解释力。

参考文献

[1]白晓宇,钟震,宋常. 分析师盈利预测之于股价的影响研究[J]. 审计研究,2007(1):91-96.

[2]财政部. 企业会计准则——基本准则[M]. 北京:经济科学出版社,2006.

[3]财政部. 企业会计准则讲解2008[M]. 北京:人民出版社,2008.

[4]财政部. 企业会计准则:应用指南2006[M]. 北京:中国财经出版社,2006.

[5]财政部. 中国企业会计准则与国际财务报告准则持续全面趋同路线图(征求意见稿)[J]. 会计研究,2009(9):3-5.

[6]陈晓,陈小悦,刘钊. A股盈余报告的有用性研究[J]. 经济研究,1999(6):21-28.

[7]陈信元,陈冬华,朱红军. 净资产、剩余收益与市场定价:会计信息的价值相关性[J]. 金融研究,2002(4):59-70.

[8]程春晖. 全面收益会计研究[M]. 大连:东北财经大学出版社,2000.

[9]程小可,龚秀丽. 新企业会计准则下盈余结构的价值相关性[J]. 上海立信会计学院学报,2008(4):36-46.

[10]邓传洲. 公允价值的价值相关性:B股公司的证据[J]. 会计研究,2005(10):55-62.

[11]范宗辉,王静静. 证券分析师跟踪:决定因素与经济后果[J]. 上海立信会计学院学报,2010(1):61-69.

[12]方军雄. 我国上市公司信息披露透明度与证券分析师预测[J]. 金融研究,2007(6):136-148.

[13]方军雄,洪剑峭. 上市公司信息披露质量与证券分析师盈利预测[J]. 证券市场导报,2007(3):25-30.

[14]葛家澍. 关于高质量会计准则和企业财务业绩报告改进的新动向[J]. 会计研究,2000(12):2-8.

[15]葛家澍．关于会计计量的新属性—公允价值[J]．上海会计,2001(1):3-5.

[16]葛家澍．创新与趋同相结合的一项准则——评我国新颁布的《企业会计准则——基本准则》[J]．会计研究,2006(3):3-6.

[17]葛家澍,窦家春,张朝琳．财务会计计量模式的必然选择:双重计量[J]．会计研究,2010年(2):7-12.

[18]郭杰,洪洁瑛．中国证券分析师的盈余预测行为有效性研究[J]．经济研究,2009(11):55-81.

[19]洪剑峭,皮建屏．国际会计准则与中国会计准则的有用性比较[J]．证券市场导报,2001(11):36-40.

[20]胡奕明,沈光明,岑江华．见解的独到性与预示性——关于我国证券分析师分析能力的实证研究[J]．中国会计评论,2005(2):287-308.

[21]黄世忠．公允价值会计:面向21世纪的计量模式[J]．会计研究,1997(12):1-4.

[22]姜国华．关于证券分析师对中国上市公司会计收益预测的实证研究[J]．经济科学,2004(6):72-79.

[23]姜国华,李远鹏,牛建军．我国会计准则和国际会计准则盈余汇报差异及经济后果研究[J]．会计研究,2006(6):27-34.

[24]李晓强．国际会计准则和中国会计准则下的价值相关性比较——来自会计盈余和净资产账面值的证据[J]．会计研究,2004(7):15-23.

[25]林小驰,欧阳婧,岳衡．谁吸引了海外证券分析师的关注[J]．金融研究,2007(1):84-98.

[26]刘峰,吴风,钟瑞庆．会计准则能提高会计信息质量吗——来自中国股市的初步证据[J]．会计研究,2004(5):8-19.

[27]刘永泽,孙翯．我国上市公司公允价值信息的价值相关性——基于企业会计准则国际趋同背景的经验研究[J]．会计研究,2011(2):16-22.

[28]刘玉廷．关于中国企业会计准则与国际财务报告准则持续全面趋同问题[J]．会计研究,2009(9):6-9.

[29]陆建桥,朱琳．跟踪国际、主动参与、积极应对,深入研究金融工具会计最新动向与对策[J]．会计研究,2010(2):13-18.

[30]卢兴杰．国际财务报告准则变革及中国对策——2010年中国会计学

会资深会员论坛综述[J]. 会计研究,2010(4):91-94.

[31]陆宇峰. 净资产倍率和市盈率的投资决策有用性——基于费森奥尔森估值模型的实证研究[D]. 上海财经大学博士学位论文,1999.

[32]陆宇建,刘翠翠. 金融类上市公司公允价值会计信息的价值相关性分析[J]. 统计与信息论坛,2011(7):78-84.

[33]陆宇建,张继袖,刘国艳. 基于不确定性的公允价值计量与披露问题研究[J]. 会计研究,2007(2):18-23.

[34]罗婷,薛健,张海燕. 解析新会计准则对会计信息价值相关性影响[J]. 中国会计评论,2008,6(2):129-140.

[35]毛志宏,王鹏,季丰. 其他综合收益的列报与披露——基于上市公司2009年年度财务报告的分析[J]. 会计研究,2011(7):3-10.

[36]孟焰,袁淳. 亏损上市公司会计盈余价值相关性实证研究[J]. 会计研究,2005(5):42-46.

[37]欧阳爱平,刘仑. 我国综合收益的价值相关性分析——基于沪市A股的数据检验:北京工商大学学报(社会科学版)[J]. 2010(11):35-40.

[38]潘琰,陈凌云,林丽花. 会计准则的信息含量:中国会计准则与IFRS之比较[J]. 会计研究,2003(7):7-15.

[39]庞晓波,呼建光. 分析师报告能够预测与解读财务报告吗——来自中国股市的经验证据[J]. 财贸经济,2011(3):42-66.

[40]汤小娟,王蕾. 全面收益与净利润的信息含量差异研究[J]. 财会通讯,2009(7):9-12.

[41]王化成,佟岩. 控股股东与盈余质量——基于盈余反应系数的考察[J]. 会计研究,2006(2):66-74.

[42]王化成,程小可,李玲玲. 亏损与非线性对会计盈余与股票回报关系的影响——基于中国资本市场的分析与经验[J]. 中国会计评论,2004,2(1):105-140.

[43]王立彦,冯子敏,刘军霞. A股-H股上市公司双重财务报表价值相关性[J]. 经济科学,2002(6):75-83.

[44]汪炜,蒋高峰. 信息披露、透明度与资本市场[J]. 经济研究,2004(7):107-114.

[45]王治安,万继峰. 我国会计国际协调的经验评价[M]. 四川:西南财

经大学出版社,2006.

[46]吴东辉,薛祖云．财务分析师盈利预测的投资价值:来自深沪 A 股市场的证据[J]．会计研究,2005(8):37 -43.

[47]吴水澎,徐莉莎．新会计准则实施的效果——从价值相关性的角度[J]．经济与管理研究,2008(6):61 -66.

[48]吴战篪,罗绍德,王伟．证券投资收益的价值相关性与盈余管理研究[J]．会计研究,2009(6):42 -49.

[49]肖峻,王宇熹．我国证券分析师推荐评级调整价值的经验研究[J]．统计与决策,2006(6):106 -109.

[50]谢获宝,尹欣,刘波罗．综合收益及其构成的价值相关性研究[J]．珞珈管理评论,2010(2):20 -31.

[51]谢诗芬．公允价值:国际会计前沿问题研究[M]．长沙:湖南人民出版社,2004.

[52]徐宏．公允价值计量具有增量信息含量吗?——来自沪深 A 股的初步证据[J]．经济管理,2008(19):89 -97.

[53]薛爽,赵立新,肖泽忠,程绪兰．会计准则趋同是否提高了会计信息价值相关性——基于新老会计准则的比较研究[J]．财贸经济,2008(9):62 -67.

[54]袁淳．会计盈余价值相关性实证研究[M]．北京:中国财政经济出版社,2005.

[55]岳衡,林小驰．证券分析师 VS 统计模型:证券分析师盈利预测的相对准确性及其决定因素[J]．会计研究,2008(8):40 -49.

[56]张腾文,黄友．经营利润率、股东收益与股票价格的价值相关性研究[J]．会计研究,2008(4):78 -83.

[57]张为国,赵宇龙．会计计量、公允价值与现值[J]．会计研究,2000(5):9 -15.

[58]张烨,胡倩．资产公允价值的信息含量及其计量——来自香港金融类上市公司的经验数据[J]．证券市场导报,2007(12):29 -35.

[59]赵春光．现金流量价值相关性的实证研究——兼评现金流量表准则的实施效果[J]．会计研究,2004(2):29 -35.

[60]赵宇龙．会计盈余披露的信息含量——来自上海股市的经验证据[J].经济研究,1998(7):41 -49

[61]赵自强,刘珊汕. 全面收益信息在我国的有用性研究[J]. 财会通讯,2009(9):60-62.

[62]周萍. FASB 和 IASB 财务业绩报告项目研究回顾与评价[J]. 会计研究,2007(9):35-41.

[63]朱红军,何贤杰,陶林. 中国的证券分析师能够提高资本市场的效率吗?——基于股价同步性和股价信息含量的经验证据[J]. 金融研究,2007(2):110-121.

[64]朱红军,何贤杰,陶林. 信息源、信息搜寻与市场吸收效率——基于证券分析师盈利预测修正的经验证据[J]. 财经研究,2008(5):63-74.

[65]朱凯,李琴,潘金凤. 信息环境与公允价值的股价相关性——来自中国证券市场的经验证据[J]. 财经研究,2008(7):133-143.

[66]朱凯,赵旭颖,孙红. 会计准则改革、信息准确度与价值相关性——基于中国会计准则改革的经验证据[J]. 管理世界,2009(4):47-54.

[67]Abarbanell J,V Bernard. Test of Analysts' Overreaction /Underreaction to Earnings Information as An Explanation for Anomalous Stock Price Behavior[J]. Journal of Finance,1992(47):1181-1207.

[68]Ahmed A S,C Takeda. Stock Market Valuation of Gains and Losses on Commercial Banks' Investment Securities: An Empirical Analysis[J]. Journal of Accounting and Economics,1995(20):207-225.

[69]Ahn T S,W S Choi. The Value-Relevance of Comprehensive Income: A Korean Evidence[N]. Working paper,2002.

[70]Akerlof G A. The Market for 'Lemons': Quality Uncertainty and the Market Mechanism[J]. Quarterly Journal of Economics,1970,84(3):488-500.

[71]Alford A,P Berger. A Simultaneous Equation Analysis of Forecast Accuracy, Analyst Following, and Trading Volume[J]. Journal of Accounting, Auditing and Finance14,1999,219-246.

[72]Association for Investment Management and Research(AIMR),Financial Reporting in the 1990's and Beyond, Charlottesville,Virginia,1993.

[73]Ball R J, P Brown. An Empirical Evaluation of Accounting Income Numbers[J]. Journal of Accounting Research,1968,(6):159~178.

[74]Bamber L,J Jiang,Y Wang,K Petroni,Comprehensive Income: Who's

Afraid of Performance Statement Reporting[J]. The Accounting Review, 2010, 85 (1):97 - 126.

[75] Barker R. Reporting Financial Performance[J]. Accounting Horizons, 2004, 18(2):157 - 72.

[76] Barth M E. Fair Value Accounting: Evidence from Investment Securities and the Market Valuation of Banks[J]. The Accounting Review, 1994(69):1 - 25.

[77] Barth M E, W H Beaver, W R Landsman. Value - Relevance of Banks' Fair Value Disclosures under SFAS No. 107[J]. The Accounting Review, 1996(71): 513 - 537.

[78] Barth M E, W H Beaver, W R Landsman. Relative Valuation Roles of Equity Book Value and Net Income as A Function of Financial Health[J]. Journal of Accounting & Economics, 1998(25):1 - 34.

[79] Barth M E, G Clinch. Revalued Financial, Tangible, and Intangible Assets: Associations with Share Prices and Non Market - Based Value Estimates[J]. Journal of Accounting Research, 1998(36):199 - 233.

[80] Barth M E, W H Beaver, W R. Landsman, The Relevance of the Value - Relevance Literature for Financial Accounting Standard Setting: Another View[J]. Journal of Accounting and Economics, 2001(31):77 - 104.

[81] Barth M E, A P Hutton. Analyst Eaming Forecast Revisions and the Pricing of Accruals[J]. Review of Accounting Studies, 2004(9):59 - 96.

[82] Bartov E. Foreign Currency Exposure of Multinational Firms: Accounting Measures and Market Valuation[J]. Contemporary Accounting Research, 1997(14): 623 - 52.

[83] Basu S. The Conservatism Principle and the Asymmetric Timeliness of Earnings[J]. Journal of Accounting and Economics, 1997, (24):3 - 37.

[84] Beaver W H. The Information Content of Annual Earnings Announcements, Empirical Research in Accounting: Selected Studies 1968[J]. Journal of Accounting Research supplement to, 1968, 6:67 - 92.

[85] Beaver W H. Financial Reporting: An Accounting[M]. Revolution. Third Edition, Prentice Hall, 1998.

[86] Beaver W H. Perspectives on Recent Capital Market Research[M].

Accounting Review,2002,77(2):453 – 474.

[87]Beaver W H,R Clarke,W Wright. The Association between Unsystematic Security Returns and the Magnitude of Earnings Forecast Error[J]. Journal of Accounting Research,1979(Autumn):316 – 340.

[88]Bhushan R. Collection ofInformation about Publicly Traded Firms:Theory and Evidence[J]. Journal of Accounting & Economics,1989(11):183 – 206.

[89]Biddle G C,G S Seow,A F Siegel. Relative versus Incremental Information Content[J]. Contemporary Accounting Research,1995(12):1 – 23.

[90]Biddle G C,J H Choi. Is Comprehensive Income Useful? [J]. Journal of Contemporary Accounting & Economics,2006,2(1):1 – 32.

[91]Black F. Choosing Accounting Rules[J]. Accounting Horizons,1993(7):1 – 17.

[92]Black F. Presidential Address:Noise[J]. Journal of Finance,1986(41):529 – 543.

[93]Bloomfield R J. The "Incomplete Revelation Hypothesis" and Financial Reporting[J]. Accounting Horizons,2002(16):233 – 243.

[94]Brennan M J,N Jegadeesh,B Swaminathan. Investment Analysis and the Adjustment of Stock Prices to Common Information[J]. Review of Financial Studies,1993(6):799 – 824.

[95]Brennan M,A Subrahmanyan. Investment Analysis and Price Formation in Securities Markets[J]. Journal of Financial Economics,1995(38):361 – 381.

[96]Brimble M,A Hodgson. The Value Relevance of Comprehensive Income and Components for Industrial Firms', working paper, Griffith University, Brisbane, Australia. 2005.

[97]Brown L D,P A Griffin,R L. Hagerman,M E Zmijewski. Security Analyst Superiority Relative to Univariate Time – Series Models in Forecasting Quarterly Earnings[J]. Journal of Accounting and Economics,1987(9):61 – 87.

[98]Brown L D,M S Rozeff. The Superiority of Analyst Forecasts as Measures of Expectations:Evidence from Earnings[J]. Journal of Finance,1978(33):1 – 16.

[99]Cahan S F,S M Courtenay,P L Gronewoller,D R Upton. Value Relevance of Mandated Comprehensive Income Disclosure[J]. Journal of Business Finance and

Accounting,2000,27(9)&(10):273 -301.

[100] Carroll T, T J Linsmeier, K Petroni. Fair Value vs. Historical Cost Accounting: Evidence from Closed - End Mutual Funds[J]. Journal of Accounting, Auditing and Finance(Winter)2003,1 -23.

[101] Cauwenberge P V, I D Beelde. On the IASB Comprehensive Income Project: An Analysis of the Case for Dual Income Display[J]. Abacus,2007,43(1): 1 -26.

[102] Chambers D, T J Linsmeier, C Shakespeare, T Sougiannis. An Evaluation of SFAS 130 Comprehensive Income Disclosures[J]. Review of Accounting Studies, 2006,12(4):557 -593.

[103] Chan K, A Hameed. Stock Price Synchronicity and Analyst Coverage in Emerging Markets[J]. Journal of Financial Economics,2006(80):115 -147.

[104] Chartered Financial Analysts(CFA) Institute. A Comprehensive Business Reporting Model: Financial Reporting for Investors [R]. Charlottesville, Virginia,2007.

[105] Cheng A. Empirical Validity of All - Inclusive Income: An Investigation of Volatility of Aggregated and Disaggregated Income Line Items and Their Explanatory Power for Return[J]. working paper,1998.

[106] Cheng A, S W Lin. Comprehensive Income and Cost of Equity Capital [J]. working paper,2008.

[107] Choi J H, J B Kim, J J Lee. Value Relevance of Discretionary Accruals in the Asian Financial Crisis of 1997 - 1998 [J]. Journal of Accounting and Public Policy,2011,30(2):166 -187.

[108] Choi J H, Y Zang. Implication of Comprehensive Income Disclosure for Future Earnings and Analysts' Forecasts[J]. Seoul Journal of Business,2006(12): 77 -109.

[109] Collins D, S Kothari. An Analysis of Interpemproal and Cross - Sectional Determinants of Earnings Response Coefficients [J]. Journal of Accounting and Economics,1989,11(2 -3):143 -182.

[110] Collins D, E Maydew, I Weiss. Changes in the Value - Relevance of Earnings and Book Values over the Past Forty Years[J]. Journal of Accounting and

Economics,1997(24):39 –67.

[111]Collins D,W K Salatka. Noisy Accounting Earnings Signals and Earnings Response Coefficients:The Case of Foreign Currency Accounting[J]. Contemporary Accounting Research,1993(10):119 –60.

[112]Cormier D,M J Ledoux,G Villeneuve. Value Relevance of Discretionary Accruals in France and the UK:the Incidence of IFRS[J]. working paper,2011.

[113]Dechow P,A Hutton,R Sloan. An Empirical Assessment of the Residual Income Valuation Model[J]. Journal of Accounting and Economics,1999(26): 1 –34.

[114] Dehning B, P Ratliff. Comprehensive Income: Evidence on the Effectiveness of FAS 130[J]. The Journal of American Academy of Business,2004 (4):228 –232.

[115] Dhaliwal D, K Subramnayam, R Trezevant. Is Comprehensive Income Superior to Net Income as a Measure of Firm Performance? [J]. Journal of Accounting and Economics,1999(26):43 –67.

[116]Dierkens N. Information Asymmetry and Equity Issues[J]. Journal of Financial and Quantitative Analysis,1991,26(2):181 –199.

[117] Douglas W. Protecting the Investor [J]. Yale Review 21, 1933, 523 –524.

[118]Easley D,M O'Hara. Information and the Cost of Capital[J]. Journal of Finance,2004,59(4):1553 –1583.

[119]Easton P. Security Returns and Value Relevance of Accounting Data[J]. Accounting Horizons,1999(3):399 –412.

[120]Easton P,M Zmijewski. Cross – sectional Variation in the Stock Market Response to Accounting Earnings Announcements[J]. Journal of Accounting and Economics,1989,117 –142.

[121]El –Gazzar M E. Predisclosure Information and Institutional Ownership: A Crosssectional Examination of Market Revaluations during Earnings Announcement Periods,Accounting Review 73(1),1997,119 –129.

[122] Fama E, M Miller. The Theory of Finance [M]. Dryden Press, Hinsdale,1972.

[123]Feltham G A,J A Ohlson[J]. Valuation and Clean Surplus Accounting for Operating and Financial Activities,Contemporary Accounting Research 11,1995, 689 - 731.

[124]Financial Accounting Standards Board. Statement of Financial Accounting Standards No. 130:Reporting Comprehensive Income,Stamford,CT:FASB,1997.

[125] Flannery M J, S H Kwanb, M Nimalendran. Market Evidence on the Opaqueness of Banking Firms' Assets [J]. Journal of Financial Economics, 2004 (71):419 - 460.

[126] Foster N, N. L Hall. Reporting Comprehensive Income [J]. The CPA Journal (October),1996,1(1):16 - 19.

[127] Francis J, L Soffer. The Relative Informativeness of Analysts' Stock Recommendations and Earnings Forecast Revisions [J]. Journal of Accounting Research,1997(35):193 - 211.

[128] Fried D, D Givoly. Financial Analysts' Forecasts of Earnings: A Better Surrogate for Market Expectations[J]. Journal of Accounting and Economics,1982,4 (2):85 - 107.

[129] Givoly D, J Lakonishok. The Information Content of Financial Analysts' Forecasts of Earnings [J]. Journal of Accounting and Economics, 1979 (1): 165 - 185.

[130]Gray P,P S Koh,Y E Tong. Accruals Quality,Information Risk and Cost of Capital:Evidence from Australia[J]. Journal of Business Finance and Accounting, 2008,(36 1/2):51 - 72.

[131] Harper R, W Meister, J Strawser. The Effect of Recognition Versus Disclosure of Unfunded Postretirement Benefitson Lenders' Perceptions of Debt[J]. Accounting Horizons September,1991(9):50 - 56.

[132] Hayn C. The information content of losses [J]. Journal of Financial Economics,1995(20):125 - 153.

[133] Hirst E, P Hopkins. Comprehensive Income Reporting and Analysts' Valuation Judgments[J]. Journal of Accounting Research,1998(36):47 - 75.

[134] Ho J L - C, C - S Liu, R Ramanan. 1997, Open - market Stock Repurchase Announcements and Revaluation of Prior Accounting Information [J]

. Accounting Review 72,1997,475 -487.

[135] Holthausen R W, R L Watts. The Relevance of the Value - Relevance Literature for Financial Accounting Standard Setting[J]. Journal of Accounting and Economics,2001(31):3 -75.

[136] Hong H,T Lim,J Stein. Bad News Travels Slowly:Size,Analyst Coverage and the Profitability of Momentum Strategies[J]. Journal of Finance,2000(55): 265 -295.

[137] Hunton J E, R Libby, C Mazza. Financial Reporting Transparency and Earnings Management[J]. The Accounting Review,2006,81(1):135 -158.

[138] Imhoff E A Jr. ,G J Lobo. The Effect of Ex Ante Earnings Uncertainty on Earnings Response Coefficients[J]. The Accounting Review,1992(4):427 -439.

[139] Johnson E J, J W Payne, J R Bettman. Information Displays and Preference Reversals[J]. Organizational Behavior and Human Decision Processes, 1988(42):1 -21.

[140] Kanagaretnam K, R Mathieu, M Shehata. Usefulness of Comprehensive Income Reporting in Canada[J]. working paper,2005.

[141] Kiger J E, J R Williams. An Emerging Concept of Income Presentation [J]. Accounting Historians Journal,1977,4(2):63 -77.

[142] King T, A Ortegren, B Reed. An Analysis of the Impact of Alternative Financial Statement Presentations of Comprehensive Income [J]. Academy of Accounting and Financial Studies Journal,1999(3):61 -71.

[143] Kothari S P. Capital Markets Research in Accounting[J]. Journal of Accounting and Economics,2001(31):105 -231.

[144] Lang M, K Lins, D Miller. ADRs, Analysts, and Accuracy: Does Cross Listing in the United States Improve a Firm's Information Environment and Increase Market Value? [J]. Journal of Accounting Research,2003(41):317 -345.

[145] Lang M, R Lundholm. Corporate Disclosure Policy and Analyst Behavior [J]. The Accounting Review,1996(71):467 -492.

[146] Lee Y, K Petroni, M Shen. Cherry Picking, Financial Reporting Quality, and Comprehensive Income Reporting Choices: The Case of Property - Liability Insurers[J]. Contemporary Accounting Research,2006,23(3):665 -700.

[147] Lev B. On the Usefulness of Earnings and Earnings Research: Lessons and Directions from Two Decades of Empirical Research[J]. Journal of Accounting Research, 1989(27): 153 - 92.

[148] Li N Z. Negotiated Measurement Rules in Debt Contracts[J]. Journal of Accounting Research, 2010, 48(5): 1103 - 1144.

[149] Lin S W. Testing the Information Set Perspective of UK Financial Reporting Standard No. 3: Reporting Financial Performance[J]. Journal of Business, Finance and Accounting, 2006, 33(7)&(8): 1110 - 41.

[150] Lin S W, O Ramond, J F Casta. Value Relevance of Comprehensive Income and Its Components: Evidence from Major European Capital Markets[R]. working paper, 2007.

[151] Linsmeier T, J Gribble, R Jennings, M Lang, S Penman, K Petroni, D Shores, J Smith, T Warfield. An Issues Paper on Comprehensive Income[J]. Accounting Horizons, 1997(11): 120 - 126.

[152] Louis H. The Value Relevance of the Foreign Translation Adjustment [R]. working paper, 2002.

[153] Lu W. Value Relevance of Earnings Components during the Global Financial Crisis: Evidence from Australia[R]. working paper, 2011.

[154] Lys T, S Sohn. The Association between Revisions of Financial Analysts' Earnings Forecasts and Security Price Changes[J]. Journal of Accounting and Economics, 1990(13): 341 - 363.

[155] Maines L, L McDaniel. Effects of Comprehensive - income Characteristics on Nonprofessional Investors' Judgments: The Role of Financial Statement Presentation Format[J]. The Accounting Review, 2000(75): 177 - 204.

[156] McClain G, A J McLelland. Shaking up Financial Statement Presentation [J]. Journal of Accoutancy November, 2008, 56 - 64.

[157] Mendenhall R R. Evidence on the Possible Underweighting of Earnings - related Information[J]. Journal of Accounting Research, 1991(29): 170 - 179.

[158] Merton R C. A Simple Model of Capital Market Equilibrium with Incomplete Information[J]. Journal of Finance, 1987(42): 483 - 510.

[159] Mitra S, M Hossain. Value - relevance of Pension Transition Adjustments

and Other Comprehensive Income Components in the Adoption Year of SFAS No. 158 [J]. Review of Quantitative Finance and Accounting,2009,33(3):279 - 301.

[160] Nelson K. Fair Value Accounting for Commercial Banks: An Empirical Analysis of SFAS No. 107[J]. The Accounting Review,1996,71(2):161 - 182.

[161] O'Brien P, R Bhushan. Analyst Following and Institutional Ownership [J]. Journal of Accounting Research,1990(28):55 - 76.

[162] O'Hanlon J, P Pope. The Value Relevance of U. K. Dirty Surplus Accounting Flows[J]. British Accounting Review,1999(31):459 - 482.

[163] Ohlson J A. Earnings, Book Values, and Dividends in Equity Valuation [J]. Contemporary Accounting Research,1995,11(2):661 - 687.

[164] Ohlson J A. Earnings, Book Values, and Dividends in a Stewardship Setting with Moral Hazard [J]. Contemporary Accounting Research, 1999, 16 (3): 525 - 40.

[165] Owusu - Ansah S, J Yeoh. Relative Value Relevance of Alternative Accounting Treatments for Unrealized Gains: Implications for the IASB[J]. Journal of International Financial Management and Accounting,2006,17(3):228 - 255.

[166] Paton W. Shortcomings of Present - Day Financial Statements[J]. Journal of Accountancy,1934(57):15 - 22.

[167] Petroni K R, J M Wahlen. Fair Values of Equity and Debt Securities and Share Prices of Property - Liability Insurers [J]. Journal of Risk and Insurance, 1995,62(4):719 - 737.

[168] Rapp M S. Information Asymmetries and the Value - Relevance of Cash Flow and Accounting Figures - Empirical Analysis and Implications for Managerial Accounting[J]. Problems and Perspectives in Management,2010,8(2):64 - 75.

[169] Roll R. R^2[J]. Journal of Finance,1988,43(3):541 - 66.

[170] Sanbonmatsu D, F Kardes S. Posvac, and D. Houghton, Contextual Influences on Judgement Based on Limited Information[J]. Organizational Behavior and Human Decision Processing March,1997,251 - 64.

[171] Skinner D J. How Well Does Net Income Measure Firm Performance? A Discussion of Two Studies [J]. Journal of Accounting and Economics, 1999 (26): 105 - 111.

[172] Soo B S, L G Soo. Accounting for the Multinational Firm: Is the Translation Process Valued by the Stock Market? [J]. The Accounting Review, 1994 (69): 617 – 38.

[173] Stark A W. Linear Information Dynamics, Dividend Irrelevance, Corporate Valuation and the Clean Surplus Equation [J]. Accounting and Business Research, 1997, 27(3): 219 – 228.

[174] Vuong Q H. Likelihood Ratio Tests for Model Selection and Non – Nested Hypotheses [J]. Econometrica, 1989, 57(2): 307 – 333.

[175] Williams J. The Theory of Investment Value [M]. Harvard University Press, 1938.

[176] Xue Y. Information Content of Earnings Management: Evidence from Managing Earnings to Exceed Thresholds [R]. working paper, 2003.